Impressum

1. Auflage November 2019

franchili / 81

Detaillierte bibliographische Daten sind unter http://dnb.ddb.de bei der Deutschen Nationalbibliographie abrufbar.
Autorenfoto Seite 258: privat
Produktion: chiliverlag
ISBN 978-3-943292-83-1 **www.chiliverlag.de**

Wolfgang Oppler

Zimtrausch, Kaufbaum, Tannenstern

Zimtrausch, Kaufbaum, Tannenstern

Neue Weihnachtsgeschichten
von

Wolfgang Oppler

chiliverlag

Für Ferdy und Max

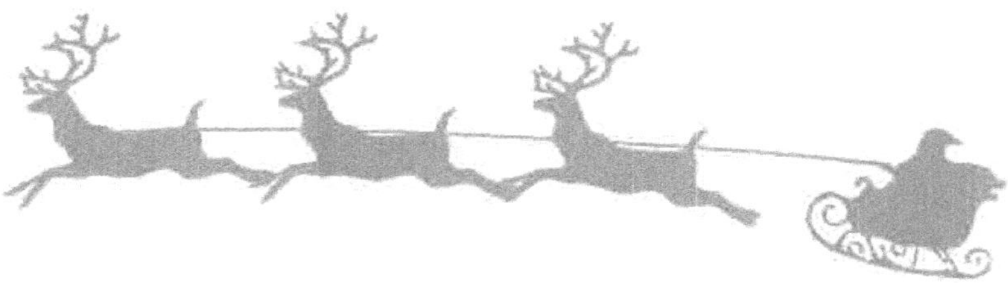

Inhaltsverzeichnis

Adventskaffee

Wenn Siegfried Küntzel eines nicht ausstehen konnte, dann waren das Leute mit einem selbstgefälligen Grinsen in ihrem Gesicht. An diesem Sonntag hatte er jedoch selber allen Grund dazu, ein Grinsen aufzusetzen, das an Selbstgefälligkeit nicht zu überbieten war. Diesmal hatte er nicht die kleinste Kleinigkeit dem Zufall überlassen. In 30 Minuten würde Sabine zum Adventskaffee kommen und alles stand perfekt vorbereitet an seinem Platz. Wie oft hatte ihm die junge Frau in den drei Monaten, seit sie sich kannten, seine Schlampigkeit vorgeworfen. Hatte gar den Verdacht geäußert, er habe ihr nur deshalb seine Wohnung bisher hartnäckig vorenthalten, weil er es nicht schaffte, Ordnung in sein Junggesellenchaos zu bringen. Ha! Heute sollte sie ihr blaues Wunder erleben. Und dann würde sie Abbitte leisten für die Unzulänglichkeiten, die sie ihm vorschnell unterstellt hatte.

Stolz schlenderte er durch die picobello aufgeräumte Wohnung. In allen Räumen waren die Böden gesaugt, die Fliesen geputzt, der Staub auf den Regalen weggewischt. Sogar die Fensterscheiben hatte er gewaschen, zum ersten Mal, seit er die Wohnung vor fünf Jahren bezogen hatte. Die Lichtergirlanden an den Fenstern strahlten in fröhlicher Farbenpracht. Im CD-Spieler wartete Norah Jones auf ihren Einsatz. In der Küche stand die Kaffeemaschine bereit. Das Wasser hatte er schon eingefüllt, das Kaffeepulver in die Filtertüte gehäufelt. Im Wohnzimmer hatte er mit viel Liebe den Esstisch gedeckt, hatte extra das gute Service von seiner Großmutter ausgepackt, das Silberbesteck dazu. Der selbstgebackene Kuchen stand gepudert und aufgeschnitten in der Mitte des Tisches. Die Weihnachtsplätzchen, Ausbeute vom letzten Besuch bei seiner Mutter, lagen nach Farbe und Größe sortiert auf einer Kristallplatte zum Zugriff bereit. Stimmungsvolle Festservietten mit rot leuchtenden Weihnachtssternen hatte er zu kunstvollen Pyramiden gefaltet. Neben dem Adventskranz war die Streichholzschachtel platziert. Voller Stolz betrachtete er sein Werk. Diesmal hatte er wirklich an alles gedacht. Normaler Zucker, brauner Zucker, Kandiszucker, Süßstoff, Kaffeesahne, Vollmilch. Es fehlte an rein gar nichts. Obwohl, zu dem trockenen Kuchen würde sich bestimmt ein bisschen Schlagrahm trefflich machen. Da hatte er noch einen Becher im Kühlschrank.

Kurzentschlossen eilte Küntzel in die Küche. Er steckte das Kabel des Handrührgeräts in die Steckdose, dann suchte er im Unterschrank nach der Rührschüssel. Fehlanzeige. Ein Blick in den Kühlschrank. Da stand sie. Vor zwei Tagen hatte er darin die Reste vom Apfelkompott aufgehoben. Weil er sich nicht vorstellen konnte, das Kompott noch zu essen, trug er die Schüssel ins Badezimmer, um den Inhalt im Klosett zu versenken. Da fiel sein Blick auf den Klorollenhalter. Jetzt hätte er fast übersehen, dass kein Papier mehr auf der Rolle war. Schnell stellte er die Rührschüssel auf den Badewannenrand und eilte in die Abstellkammer, wo er seine Klopapiervorräte aufbewahrte.

Als Erstes bekam er die Schachtel mit den Christbaumkugeln in die Hände. Die hätten eigentlich zur Abrundung der Adventsstimmung ans Bücherregal gehängt werden sollen. Also trug er die Schachtel auf die Wohnzimmercouch, suchte aus dem Karton mit dem Geschenkpapier ein paar schöne Glanzschleifen heraus und wuchtete den Werkzeugkasten aus der Kammer. Eine Packung mit den passenden Nägelchen hatte er gleich gefunden. Nur der Hammer glänzte durch Abwesenheit. Das war kein Wunder, hatte ihn Küntzel doch letzte Woche an den freundlichen jungen Mann aus der Wohnung nebenan verliehen. Siegfried ließ den offenen Werkzeugkasten im Flur stehen und schlüpfte durch die Wohnungstür, um beim Nachbarn zu klingeln. Schon beim ersten Schritt im Treppenhaus klebte sein Pantoffel an den Bodenfliesen fest. Offensichtlich hatte jemand Saft oder Limonade verschüttet und es nicht für notwendig erachtet, die Sauerei wegzuwischen. Da musste Küntzel wohl oder übel selber Hand anlegen. Schon hatte er den Putzeimer aus der Kammer geholt, den Putzlumpen hineingeworfen, eine Verschlusskappe voll „Bims-Allesreiniger“ drüber gegossen und das Ganze in der Badewanne mit heißem Wasser aufgefüllt.

Als er auf dem Weg zurück ins Treppenhaus war, klingelte das Telefon. Er stellte den Eimer im Flur neben den Werkzeugkasten und spurtete ins Wohnzimmer.

„Küntzel.“

„Hallo Siegfried, hier ist der Konrad. Ich such meine Schwester Sabine."

„Die kommt erst in zwanzig Minuten."

„Könntest du ihr bitte ausrichten, sie soll dringend ihre Kollegin Regine Bachmann anrufen? Die muss nach Gießen zu ihrer kranken Tante und sucht jemand, der für morgen die Schicht mit ihr tauscht."

„Kein Problem. Hast du die Nummer?"

„72 73 87."

„Regine Bachmann, 72 73 87", wiederholte Küntzel. „Hab ich notiert."

Er legte den Hörer auf die Gabel und wedelte zerstreut mit dem Notizzettel durch die Luft. Wo war er gerade stehen geblieben? Ach ja, der Schlagrahm für den Kuchen. Ab in die Küche, Kühlschranktür auf, Joghurt, Schinken, Käse und Brot heraus geräumt. Ganz hinten stand der Schlagrahm. Er war noch nicht einmal über das Verfallsdatum. Mit dem Daumennagel stach Siegfried den Aludeckel durch. Ein Schwall Sahne spritzte heraus und tropfte von Siegfrieds Hose auf den Fußboden. Ausgerechnet die neue Jeans. Wenn er das nicht sofort heraus wusch, würde es ranzig werden und zu stinken anfangen. Also geschwind ins Bad. Er ließ lauwarmes Wasser ins Waschbecken, leerte Geldbeutel und Brieftasche, Schlüsselbund und Taschentuch aus den Hosentaschen. Dann weichte er die Hose im Waschbecken ein.

Gott sei Dank hatte er noch eine frisch gewaschene Hose im Schrank. Auf dem Weg zum Schlafzimmer kam er an der Küche vorbei. Den Schlagrahm auf Anrichte und Fußboden musste er wegwischen. Schnell riss er ein paar Küchentücher von der Rolle, feuchtete sie an und kniete sich auf den Fußboden. Aus dieser seltenen Perspektive entdeckte er unter dem linken Unterschrank den Korkenzieher, den er seit Wochen schmerzlich vermisst hatte.

„Ein ordentlicher Haushalt verliert nichts!", frohlockte er, packte den Korkenzieher und stand ächzend auf. Wieder klingelte das Telefon.

„Küntzel."

„Ich bin's noch mal, der Konrad. Könntest du meiner Schwester bitte sagen, sie soll auch die Carla anrufen? Ob die die Schicht am Dienstag übernimmt. Die Handy-Nummer hat sie."

„Dienstag – Carla – Handy", bestätigte Siegfried, legte auf und machte sich auf die Suche nach dem Zettel, um auch den zweiten Namen zu notieren.

Im Wohnzimmer konnte er das Stückchen Papier nirgends entdecken. Da lagen die Schleifen, die Schachtel mit den Christbaumkugeln, das Döschen mit den Nägeln. Ach ja, und neben dem Telefon lag der Korkenzieher. Im Flur standen der Werkzeugkasten und der mit schäumendem Wasser gefüllte Putzeimer, in der Küche die Lebensmittel aus dem Kühlschrank, das Handrührgerät, der Schlagrahmbecher, am Fußboden die feuchten Küchenrollenblätter. Im Bad fand er eine Schüssel von Kompottresten, eine eingeweichte Hose und den Inhalt seiner Hosentaschen auf der Ablage für die Zahnputzbecher. Und immer noch kein Klopapier. Von dem Zettel nicht die leiseste Spur.

Seine letzte Hoffnung war das Schlafzimmer. Da war der Zettel natürlich auch nicht. Aber wenigstens konnte er die Gelegenheit nutzen, sich endlich eine neue Hose an den Leib zu tun. Er legte die frische Jeans auf das Bett. Die Farbe biss sich mit seinem grünen Hemd. Schon hatte er das Hemd ausgezogen und war in ein neues dunkelbraunes geschlüpft. Beim Zuknöpfen stellte er fest, dass der dritte Knopf von oben fehlte. Also wieder raus aus dem Fetzen, kurzer Zwischensprint in die Kammer, ausnahmsweise das Nähzeug auf Anhieb gefunden, sogar einen geeigneten Knopf und Nähgarn in der passenden Farbe. Hurtig das Garn durch das Nadelöhr gefädelt. Bereits beim vierten Anlauf hatte er Erfolg. Jetzt nicht lange getrödelt, einmal die Nadel durch das Hemd gezogen, durch den Knopf und mit Schwung mitten hinein in den Finger.

Fasziniert schaute Küntzel zu, wie die Nadel mit dem Faden dran in der Kuppe seines linken Zeigefingers baumelte. Er zog sie heraus. Sofort tropfte ein dicker Tropfen Blut hinterher.

„Das fehlt mir gerade noch, dass ich jetzt das Hemd einsaue."

Ab ins Badezimmer. Mit einem Griff fand er das Hansaplast im Hängeschränkchen. Schere? Ach ja, beim Nähzeug. Also zurück durch den Flur. Waren da schon zwei Blutstropfen am Parkett! Schnell ein neues Küchenrollenblatt zum Wegwischen organisiert. Auch hier das letzte Blatt. Zum 25. Mal an diesem Tag in die Kammer. Und weil er schon einmal da war und weil er ein weitblickender Mensch war, der auch unter Stress stets den Blick für das Große und Ganze behielt, nahm er außer der Küchenrolle auch gleich noch eine Rolle Klopapier mit.

Da stand er dann im Gang, in jeder Hand eine jungfräulich weiße Rolle weichen Papiers, und gestattete sich eine winzige Sekunde für die Entscheidung, welche er zuerst aufhängen sollte. Vier Minuten vor drei. Jeden Moment musste Sabine erscheinen. Was war jetzt als Vordringlichstes zu erledigen? Natürlich die Sauerei im Treppenhaus. Sogleich legte er die beiden Papierrollen auf den Boden und packte den Putzeimer. Gerade noch rechtzeitig kam ihm zu Bewusstsein, dass er nichts weiter trug als Socken und Unterhose. So konnte er beim besten Willen nicht im Treppenhaus herumturnen, ohne den letzten Rest seines Rufs bei den Nachbarn zu ruinieren.

Flugs ins Schlafzimmer, die Hose unter den Arm geklemmt. Das Hemd? Wartete im Wohnzimmer auf einen neuen Knopf. Zum 37. Mal sprang er über den Werkzeugkasten. „Und stets mit der gebührenden Eleganz", wie er nicht ohne Stolz feststellte. Beim Anblick des perfekt geordneten Kaffeetisches fasste er den Entschluss, ab sofort total konzentriert und systematisch vorzugehen.

Just in diesem Moment, als er gerade drauf und dran war, alles zu einem guten Ende zu wenden, klingelte es an der Wohnungstür.

„Sofort! Ich komme!", rief er und schnappte sich das Hemd von der Couch. Mit flottem Schwung fegte er dabei die offene Schachtel mit den Nägeln vom Wohnzimmertisch. Die feinen Stifte sprangen durch den Raum und rollten noch in die entlegensten Winkel. Egal! Auf einem Bein hüpfte Siegfried durch den Gang, während er gleichzeitig versuchte, in das Hemd zu schlüpfen und mit dem anderen Bein in die Hose zu steigen. In dieser graziösen Pose stolperte er über den Werkzeugkasten, stürzte auf den Putzeimer, riss diesen um und die ganze schaumige Soße ergoss sich über den Flur, weichte Klopapier und Küchenrolle ein und strömte weiter ins Schlafzimmer.

Unter Absingen eines volltönenden Fluches rappelte sich Siegfried Küntzel in die Höhe. Er ignorierte den Schmerz im Knie und zog die patschnasse Hose vollends an. Dann humpelte er zur Wohnungstür und machte auf.

Draußen stand Sabine wie aus dem Ei gepellt und strahlte ihn an. Ihr Blick glitt über seine ramponierte Gestalt und von da auf den überschwemmten Fußboden.

„Was ist denn hier passiert?"

„Ich glaub, alles hat damit angefangen, dass ich einen Becher Schlagrahm schlagen wollte, damit der Kuchen nicht so trocken ist."

Sabines Miene verriet Betroffenheit. „Hab ich dir nie gesagt, dass ich keinen Schlagrahm esse, weil ich davon Ausschlag bekomme?"

In diesem Augenblick fiel Siegfried Küntzel ein, wo er den Zettel mit der Telefonnummer von Sabines Kollegin gelassen hatte. Der lag im Kühlschrank zwischen dem Romadur und der angebrochenen Fischkonserve.

Verwandtschaft

1

Veit Wintergerst betrachtete voller Abscheu die weißen Klumpen, die ringsum an dem Kaffeelöffel klebten. „Wie oft muss ich noch sagen, dass ihr den abgeschleckten Löffel nicht zurück in die Zuckerdose legen sollt? Hört mir überhaupt einer zu?“

Sohn Felix und Tochter Dagmar glotzten beide in ihre Smartphones und erweckten nicht den Eindruck, als ob sie um sich herum etwas wahrnehmen würden. Claudia Wintergerst befreite ihren Gatten von dem angeschmutzten Löffel und legte einen sauberen vor ihn auf den Tisch.

„Das beseitigt die Wirkung, aber nicht der Ursache“, brummte Veit und schaufelte zwei gehäufte Löffel Zucker in seinen Kaffee.

Claudia schlichtete die Pausenbrote für die Kinder in Tupperdosen. „Denkst du daran, dass wir heute Abend bei Jan und Ida sind?“, fragte sie beiläufig.

„So roh bin ich nicht besaitet, dass ich das verdrängen könnte. Was gibt es denn gar so Wichtiges?“

„Ida will besprechen, wer eure Eltern zu Weihnachten einlädt.“

„Jetzt, im September?“

„Jan und Ida wollen über Weihnachten einen Urlaub buchen und können sich diesmal nicht um die alten Herrschaften kümmern.“

„Als ob sie sich jemals um unsere Eltern gekümmert hätten." Veit schenkte sich schwungvoll eine zweite Tasse Kaffee ein.

„Als ob wir uns schon einmal um deine Eltern gekümmert hätten."

„Darum will ich auch gar nicht damit anfangen. Warum feiern sie nicht bei Karl und Cordula, so wie jedes Jahr?"

„Wenn wir nicht zu Jan und Ida gehen, werden wir es nie erfahren."

Veit leerte seine Tasse mit einem Zug, schnappte sich das Sakko von der Stuhllehne und gab seiner Frau einen flüchtigen Kuss. „Bis heute Abend." Schon war er zur Tür hinaus.

2

„Karl und Cordula brauchen endlich mehr Zeit für sich selber." Ida wiederholte den Satz bereits zum dritten Mal.

Veit drehte sein leeres Rotweinglas zwischen den Fingern.

„Das mag ja sein. Aber doch nicht ausgerechnet an Weihnachten?"

„Gerade da. Wenn Mutti und Vati kommen, hat Cordula immer den größten Stress."

„Meinst du, ich hab keinen Stress? Ich wollte, ich hätte keine größeren Probleme als eine Weihnachtseinladung."

Veit füllte sein Weinglas und wich Claudias Blick aus. Es war das vierte Mal, dass er sich nachschenkte.

Jan hatte sich bisher aus der Diskussion herausgehalten. Jetzt saugte er an seiner Pfeife und sagte: „Tatsache ist, dass eure Eltern jahrelang für euch da waren, wenn ihr sie gebraucht habt. Tatsache ist, dass sie euch unzählige glückliche Weihnachtsfeste beschert haben. Und Tatsache ist auch, dass sie alt und einsam geworden sind und sich nach nichts weiter sehnen als nach ein paar beschaulichen Stunden im Familienkreis. Cordula und Karl haben sich fünf Jahre lang um die alten Herrschaften gekümmert. Das sollte erst einmal reichen."

„Und was ist mit Rüdiger?" Veit hasste es, wenn Jan mit dieser *Denk-doch-mal-nach*-Masche anfing.

„Das weißt du ganz genau. Rüdiger wohnt zu weit weg. Rüdiger hat keinen Platz in seiner Bude. Rüdiger ist ein Chaot. Und wahrscheinlich feiert Rüdiger nicht einmal Weihnachten."

„Wir sind auch Chaoten. Du solltest mal sehen, was die Kinder in einer halben Stunde aus einer gepflegten Vierzimmerwohnung machen."

„Die Kinder. Hast du dir mal überlegt, dass sie von ihren Großeltern entfremdet werden? Gerade die klassischen Feste im Jahreskreislauf geben Gelegenheit, den Kindern die Generationenfolge bewusst zu machen." Jan riss ein Streichholz an, führte es an den Kopf der Pfeife und paffte dicke Qualmwolken.

„Das hab ich gern." Veit gab sich empört. „Selber ohne Kinder die Annehmlichkeiten als Doppelverdiener mitnehmen. Aber anderen etwas über Erziehung erzählen."

„Jetzt mach aber einen Punkt", mischte sich Claudia ein. „Wer hier warum welche Kinder hat, steht nicht zur Debatte. Jan und Ida haben gesagt, dass sie über die Weihnachtstage eine Reise gebucht haben. Also bleiben nur noch wir übrig. Natürlich lassen wir eure Eltern nicht hängen. Dafür sind im nächsten Jahr wieder andere dran. Abgemacht?"

„Abgemacht", sagten Jan und Ida wie aus einem Mund. Veit murmelte etwas in seinen Bart und leerte sein Weinglas mit Schwung.

„Möchtet ihr noch etwas trinken?"

„Danke nein", erwiderte Claudia schnell.

Veit zuckte die Schultern. „Da ich eh nichts zu sagen hab, sag ich auch nichts."

3

„Wie oft muss ich noch sagen, dass ihr mit dem Marmeladenmesser nicht an die Butter gehen sollt?" Veit Wintergerst betrachtete angewidert die roten Streifen auf dem Butterstück. „Hört mir überhaupt jemand zu?"

Claudia Wintergerst nahm ein frisches Messer und kratzte den Marmeladenrest von der Butter. „Ich weiß. Es beseitigt die Wirkung, aber nicht die Ursache", sagte sie schnell und amüsierte sich über den verzweifelten Gesichtsausdruck ihres Gatten.

Dagmar legte ihr Handy zur Seite und meinte unvermittelt: „Wenn ihr Oma und Opa zu Weihnachten einladet, dann will ich auch ein paar Freundinnen einladen."

„Wie kommst du darauf?", fragte Veit.

„Gestern Abend hat die Rote Rita angerufen. Sie hat gesagt, dass wir Oma und Opa zu Weihnachten einladen."

„Du sollst die Schwester deiner Mutter nicht *Rote Rita* nennen.“ Eine Falte der Missbilligung zog sich über Veits Stirn. „Überhaupt ist es bis Weihnachten noch sehr lange hin.“

„Die Rote Rita hat gesagt, dass es pressiert“, sprang Felix seiner Schwester bei. „Die Oma ist schon schrecklich alt und der Opa ist auch nicht mehr so gut auf den Beinen. Bei solchen Scheintoten ist es oft eine Frage von kurzer Zeit, bis sie aus den Latschen kippen.“

„Jetzt reicht's.“ Veit haute mit der Faust auf den Tisch. „Ich verbiete dir, in solchem Ton von deinen Anverwandten zu sprechen.“ Er zerknüllte die Serviette und wandte sich an Claudia.

„Woher weiß deine Schwester eigentlich, dass meine Eltern an Weihnachten kommen?“

„Doch nicht deine Eltern, Papa“, lachte Dagmar. „Mamis Oma und Opa kommen natürlich.“

„Das kann nicht sein.“ Jetzt lachte auch Veit. „Das habt ihr falsch verstanden, Kinder.“

„Das haben wir nicht falsch verstanden“, triumphierte Felix. „Oder heißen deine Eltern vielleicht Gernot und Gisela?“

„Natürlich nicht. Wer redet denn von Gernot und Gisela?“

„Na die Rote Rita. Das sag ich doch die ganze Zeit.“

Veit saß da wie vom Donner gerührt. Fassungslos blickte er von einem zum anderen. „Jetzt versteh ich gar nichts mehr. Claudia, ruf doch mal heute deine Schwester an und frag, was da los ist.“

„Jawohl, mein Herr und Gebieter.“

4

Kaum waren die Kinder aus dem Haus, läutete das Telefon. „Hallo, Schwesterherz. Rita hier. Hat Dagmar dir gesagt, dass unsere geliebten Eltern an Weihnachten kommen wollen?“

„Ich dachte, sie sind mit Kerschenbroichs im Sauerland. Wie jedes Jahr.“

„Mit den Kerschenbroichs haben sie sich entzweit. Weil Kerschenbroich Papas Bohrmaschine an seine Cousine weiterverliehen hat, ohne zu fragen. Papa kann die Cousine auf den Tod nicht ausstehen. Ihr Pinscher pinkelt immer in sein Kräuterbeet.“

„Und jetzt?“

„Tja, eine von uns beiden muss in den sauren Apfel beißen. Da fällt es mir nicht leicht, dir zu sagen, dass ich mit Florian nach Venezuela fahre.“

„Über Weihnachten?“

„Klar. Ich bin doch nicht bescheuert und tu mir den Rummel zu Hause an.“

„Aber von mir erwartest du …?“

„Du bist da anders gebaut. Dir liegt das Bürgerliche. Mann und Kinder und Lichterbaum und der ganze Zinnober.“

„Und zwei hysterische Eltern am Hals. Und zwei nicht minder neurotische Schwiegereltern. Ich danke für die Bürgerlichkeit.“

„Oh.“ Rita schnappte hörbar nach Luft. „Willst du damit sagen …?“

„Genau das. Wilhelm und Walburga Wintergerst zusammen mit Papa und Mama unter einem Dach. Wo sie sich nicht riechen können. Erinnere dich an unsere Hochzeit. Oder an die Szenen bei Dagmars Taufe."

„Kopf hoch, Schwesterherz. Nimm's mit Humor. Stell dir vor, wie sie sich um die Süßigkeiten vom Weihnachtsbaum prügeln."

„Stell du dir du lieber vor, wie ich mit Veit nach Venezuela fahre und du kümmerst dich mit Florian um die alten Herrschaften."

„Du warst schon mal witziger."

„Das ist bitterer Ernst." Mit einem Seufzer legte Claudia den Hörer auf.

5

„Wie oft muss ich noch sagen, dass ihr den Orangensaft nicht aus der Flasche trinken sollt? Das ist unappetitlich für andere Menschen, die auch noch etwas davon wollen." Grimmig blickte Veit Wintergerst über den Frühstückstisch. Die Kinder konnten ihn nicht hören, denn beide trugen Kopfhörer, die mit ihren Smartphones verbunden waren.

Sorgsam stellte Claudia eine frische Flasche Orangensaft vor ihren Gatten hin. „Das beseitigt die Wirkung ...", sagten beide wie aus einem Mund und mussten lachen.

„Sollten wir uns nicht langsam Gedanken über Weihnachten machen?" Veit schenkte sich den leuchtend gelben Saft ins Glas. „Das sind alte Menschen. Womöglich haben die irgendwelche Traditionen im Kopf, von denen wir uns nichts träumen lassen. Ich hab keine Lust, mir den Weihnachtsabend versauen zu lassen, nur weil wir den Truthahn an der falschen Ecke angeschnitten haben oder den Baum von oben nach unten behängt haben anstatt von links nach rechts. Dein Vater kann manchmal sehr pedantisch sein."

„Was weißt denn du, wie meine Eltern Weihnachten feiern?", fragte Claudia aufgebracht.

„Das weiß ich eben nicht. Deshalb sag ich, wir sollen uns vorher schlau machen."

„Und wie ist das bei euch zuhause abgelaufen an Weihnachten?", wollte Claudia wissen.

„Ganz normal. Genau wie jetzt bei uns jetzt auch. Und bei dir?"

„Überhaupt kein Unterschied", bestätigte Claudia. „Am Nachmittag in den Gottesdienst, danach die Bescherung, dann das Abendessen. Weißwürste, damit die Hausfrau nicht stundenlang in der Küche stehen muss."

„Bei uns war es immer der Truthahn. Mein Vater sagt, ohne Truthahn ist es kein richtiges Weihnachtsfest."

„Vielleicht bekommen wir Weißwürste aus Truthahnfleisch." Claudia grinste.

Veit schenkte sich Kaffee nach und nahm einen tiefen Schluck. „Wenn sonst alles klappt, werden sie uns das mit dem Essen nachsehen."

„Und was willst du heute zum Abendessen?"

„Auf jeden Fall keine Weißwürste."

6

„Nein, Mama, wir verwenden keinen Plastikbaum. – Ja, Mama, wenn du willst, singen wir *‚Stille Nacht, heilige Nacht'.* – Nein, Mama, Ida und Jan kommen nicht zum Fest. Cordula und Karl auch nicht. – Doch, Mama, wir haben ausreichend Kerzen am Baum." Veit wechselte den Telefonhörer an das andere Ohr und warf Claudia einen verzweifelten Blick zu. „Ob wir was aufhängen? – Nein, wir hängen keine Mistelzweige auf. Eine Lichtergirlande auf der Terrasse haben wir auch nicht. Wenn du dich erinnerst, haben wir noch nicht einmal eine Terrasse."

Wieder lauschte er in die Hörermuschel und verdrehte die Augen. „Mama, jetzt hör mir bitte zu. Wir feiern Weihnachten, wie wir es immer gefeiert haben. Ihr müsst euch keine Sorgen machen. Zum Essen gibt es genug. Es muss keiner hungrig nach Hause gehen. – Nein, der Baum ist wirklich nicht aus Plastik. Gute, echte Nordmanntanne. Alles Natur. Papa wird zufrieden sein. Ja, grüß du ihn auch."

Er legte auf und japste nach Luft.

„Als ob wir die letzten Deppen wären. Als ob wir zu blöd wären, ordentlich Weihnachten zu feiern. Was bilden die sich eigentlich ein?"

„Bei meinen war es vorgestern genauso", sagte Claudia. „Meine Mutter will zum Abendessen einen Krustenbraten und mein Vater besteht darauf, die Weihnachtsansprache des Bundespräsidenten anzuhören."

„Ich dachte, das macht die Bundeskanzlerin?"

„Die macht es an Silvester."

Claudia räumte die Teller in die Spülmaschine.

„Solange es nicht der Bundestrainer macht." Veit reichte ihr seine Tasse. „Wie sieht eigentlich ein altdeutscher Weihnachtsbaum aus?"

„Irgendwas mit Holzspielzeug und roten Äpfeln. Warum fragst du?"

„Meine Mutter legt Wert auf einen altdeutschen Weihnachtsbaum."

„Das trifft sich gut. Die meine mag es amerikanisch, mit Zuckerstangen und Neonlichtern."

7

„Wie oft muss ich noch sagen, dass man sich vom Wurstteller nur mit der Gabel bedient? Und wenn du schon deine ungewaschenen Finger verwendest, dann nimm wenigstens die oberste Wurst und betatsch nicht jedes einzelne Blatt."

Felix ließ sich nicht beirren, sondern wühlte weiterhin mit beiden Händen im Stapel der Wurstscheiben, bis er endlich eine gefunden hatte, die vor seinen kritischen Augen Gnade verdiente.

Claudia legte ihrem Gatten ein paar frische Wurstscheiben auf den Teller. „Die Rita hat gestern Nachmittag angerufen."

„Ich denke, die ist in Venezuela?"

„Doch erst an Weihnachten. Sie will wissen, was wir den Großeltern zum Fest schenken."

„Sag ihr, wir schenken eine Einladung zu einem unvergesslichen Weihnachtsfest. Davon werden die Großeltern noch ihren Kindern und Kindeskindern erzählen."

„Rita befürchtet, dass wir nicht ausreichend auf die Bedürfnisse der alten Herrschaften eingehen."

„Ich bin noch nie in meinem Leben so auf die Bedürfnisse von jemandem eingegangen. Aber das sind keine Bedürfnisse. Das sind Schikanen. Alte Leute sind wie kleine Kinder. Die wollen ihre Grenzen ausloten. Die wollen wissen, wie weit sie gehen können."

„Jetzt sei nicht ungerecht. Sie haben ihre Gewohnheiten. Aber sie meinen es nicht böse."

„Und was ist mit ihren permanenten Anrufen? Ob du mit dem Plätzchenbacken schon angefangen hast. Ob wir den Baum schon gekauft haben. Ob wir den Braten schon bestellt haben. Verdammt noch mal. Es ist Mitte November. Wir hatten in den letzten Jahren auch ohne ihre Ratschläge Weihnachtsfeste, die zur Zufriedenheit aller Beteiligten ausgefallen sind. Warum sollte sich daran etwas ändern?"

8

Walburga Wintergerst ließ eine geschlagene halbe Stunde auf sich warten. Claudia trank bereits ihre zweite Tasse Tee.

„Tut mir leid, Kindchen, beim Kaufhof hatten sie Kissenbezüge im Angebot", schnatterte die alte Dame, „da musste ich zugreifen, bevor die besten weg waren."

Sie winkte aufgeregt nach dem Kellner und bestellte ein Kännchen koffeinfreien Kaffee und eine Prinzregententorte. „Wie geht's zuhause? Alles wohlauf?"

„Es geht", versicherte Claudia, „Veit war erkältet, aber das Gröbste hat er hinter sich."

„Erkältet? Mein Veit? Du musst ihm mehr Vitamine geben. Obst, Salat und Gemüse."

„Veit erhält ausreichend Obst und Gemüse."

„Ich weiß Bescheid. Gesunde Ernährung zählt nicht mehr bei euch modernen Hausfrauen. Nur noch Fastfood und Mikrowelle. Nur noch Fett und Zucker." Die alte Dame fuchtelte mit der Kuchengabel durch die Luft, dann schaufelte sie ein überdimensionales Stück von ihrer Torte in den weit aufgerissenen Mund. „Ihr müsst euch endlich von der erfahrenen Generation eurer Eltern etwas sagen lassen."

Die Schwiegertochter winkte müde ab. „Warum wolltest du mich sprechen?"

Walburga kaute schon wieder mit vollen Backen. „Da ist diese Weihnachtsfeier, zu der unser Veit uns eingeladen hat. Und da hab ich mir gedacht, ich geb dir ein paar Tipps an die Hand, Kindchen, damit es dann ein schönes, rundes Fest wird."

Claudia zählte in Gedanken bis drei und atmete langsam aus. „Ein paar Tipps?"

„Weihnachten ist ein Fest, das seine Faszination vor allem aus ehrwürdigen Traditionen schöpft. Es zahlt sich allemal aus, an Bewährtem festzuhalten."

„Geradeso haben wir es von jeher gehalten," versicherte Claudia.

„Ich weiß Bescheid. Harmonie und Besinnlichkeit zählen nicht mehr bei euch jungen Leuten. Immer muss alles grell und schnell sein. Ich hab dir eine Liste zusammengestellt, wenn du die beherzigst, kann nichts schief gehen." Sie schob ein Stück karierten Papiers über den Tisch. In ihrer feingliedrigen Handschrift hatte sie eine lange Reihe von Punkten notiert. Mit der Kuchengabel deutete sie darauf.

„Am wichtigsten ist Wilhelms Weihnachtsgeschichte. Die liest er jedes Jahr. Ich hab die Geschichte schon Dutzende Male gehört, mir kommen jedes Mal wieder die Tränen. Während Wilhelm liest, muss natürlich absolute Ruhe sein. Vielleicht machst du das deinen Kindern schon einmal klar. Als nächstes kommen die Lieder. Wir singen *‚Stille Nacht, heilige Nacht'*, danach *‚Es ist ein Ros entsprungen'*. Da singen alle mit. Dann legen wir die CD mit den Weihnachtsliedern auf. Die *Wiener Sängerknaben*. Orchesterbegleitung mit Herbert von Karajan. Die CD ist oft vergriffen, am besten machst du dich gleich auf die Suche. Der Punsch muss für Diabetiker geeignet sein. Dann das Essen. An Heiligabend gibt es Truthahn. Das kann nicht anders sein. Kartoffelknödel und Blaukraut. Am besten kochst du das ein-, zweimal zur Übung, damit es an Weihnachten ordentlich klappt. Und stell nicht so viel von diesem süßen Zuckerzeug hin. Das verdirbt nur Magen und Zähne. Kein Marzipan, keine Lebkuchen. Mandelplätzchen und Spekulatius gehen zu Not. Aber keine gekauften. Veits Vater verträgt nur Selbstgebackenes. Auf den Baum kommen elektrische Kerzen. Alles andere ist zu gefährlich. Besonders, wenn man so lebhafte Kinder hat wie du."

Claudia griff sich benommen an den Kopf. Sie hatte ein Gefühl, als müsse sie jeden Augenblick anfangen zu schreien. Vorsichtig schielte sie auf die Liste und stellte voller Entsetzen fest, dass sie noch nicht einmal bei der Hälfte angelangt waren.

9

„Wie oft muss ich noch sagen, dass ihr nicht in der Butter herumbohren sollt? Schneidet eine gerade Scheibe ab. Das verstreicht sich auch besser."

Beide Kinder hatten vollauf damit zu tun, SMS-Nachrichten in die Tastaturen ihrer Handys zu tippen. Mit einem leisen Seufzer nahm Claudia ein Messer und strich die zerklüftete Oberfläche des Butterstücks glatt. „Und nicht die Ursache", beeilte sie sich hinzuzufügen.

„Du unterstützt mich nicht gerade bei meinen Bemühungen, aus den beiden nützliche Mitglieder der menschlichen Gesellschaft zu machen."

Claudia schenkte ihrem Gemahl ein strahlendes Lächeln. „Weil wir gerade bei den nützlichen Mitgliedern sind. Deine Eltern würden es schön finden, wenn die Kinder für das Weihnachtsfest ein bisschen was auf ihren Instrumenten einstudieren würden."

Veit wäre fast der Bissen aus dem Mund gefallen. „Entschuldige, ich hab grad ‚Instrumente' verstanden."

„Deine Mutter lebt in der unverrückbaren Vorstellung, ihre Enkelkinder seien virtuose Musiker, denen es gut zu Gesicht stände, ihr Können der Verwandtschaft zu präsentieren."

„Es würde den Kindern tatsächlich nicht schaden, wenn sie einen bescheidenen Beitrag zum Gelingen des Abends beisteuern würden. Hatte Dagmar nicht mal diese Blockflöte?"

„Sie hatte eine Melodika."

„Sag ich doch. Da ist es nicht zu viel verlangt, wenn sie drei kleine Weihnachtslieder einstudiert."

„Das Problem ist“, presste Claudia hervor, „die Lieder müssen zur Weihnachtsgeschichte passen.“

„Entschuldige, ich hab grad ‚Weihnachtsgeschichte‘ verstanden.“

„Ja, die Weihnachtsgeschichte eben, die dein Vater seit Menschengedenken jedes Jahr an Heiligabend zum Besten gibt.“

„Bei uns hat es nie eine Weihnachtsgeschichte gegeben.“ Veit runzelte die Stirn. „Manchmal frag ich mich, ob ich nicht im zarten Alter von 30 Jahren heimlich mit dem Kind anderer Leute vertauscht wurde.“

10

In fieberhafter Hast suchte Claudia nach dem klingelnden Telefon. Endlich fand sie es in dem Schmutzwäscheberg in Felix’ Zimmer.

„Ja, Wintergerst“, keuchte sie in die Sprechmuschel.

„Hab gehört, dass ihr dieses Weihnachten das Vergnügen habt, die Quälgeistern zu bespaßen.“

„Ach du bist‘s, Cordula. Dachte schon, den durchlauchtigsten Herrschaften wären neue Anweisungen eingefallen.“

Ein ausgelassenes Lachen drang durch die Leitung.

„Kopf hoch. Ich hab den Zirkus schon fünfmal mitgemacht und lebe immer noch.“

„Aber du hattest nur die Hälfte der Monster zu betreuen. Ehrlich, ich hab vor dem Abend einen Mordsbammel. Das fängt schon beim Essen an.“

„Die essen, was auf den Tisch kommt. Vorausgesetzt, es ist nichts anderes im Haus“, bestimmte die Schwägerin autoritär.

„Ich denke, es muss unbedingt der heilige Truthahn sein? Mit Kartoffelknödeln und Blaukraut ohne Unterbrechung seit Anbeginn der Zeitrechnung."

Cordula am anderen Ende gluckste fröhlich. „Hätten sie wohl gerne. Eine Hausfrau hat an Heiligabend was Besseres zu tun, als ihre wichtigsten Stunden einem toten Vogel zu widmen. Jeder bekommt drei Weißwürste, dazu ordentlich Brezen und Senf. Und wer dann noch hungrig ist, darf sich an den Lebkuchen vergreifen. Oder er bekommt eine Scheibe trockenes Brot. Du darfst nur keine Unsicherheit zeigen. Sonst hast du verloren."

„Ich werd's versuchen. Und was hat es mit der sagenumwobenen Weihnachtsgeschichte auf sich, die euer Vater Jahr für Jahr zum Besten gibt?"

„Eine Marotte. Letztes Jahr hat unser Nachbar auf ein Glas Punsch vorbeigeschaut. Der hat von einem Großonkel erzählt, der seiner Familie vierzig Jahre lang dieselbe Weihnachtsgeschichte vorgelesen hat. Das hat meine Eltern tief beeindruckt."

Claudia grinste. „Dann wollen wir den alten Herrn mal seine Geschichte erzählen lassen. Solang er das macht, stellt er keinen anderen Unfug an."

11

„Wie oft muss ich noch sagen, dass ihr den Honig nicht auf das Glas tropfen sollt?" Veits Stimme klang müde und resigniert. „Jeder, der das Honigglas nach euch anlangt, bekommt klebrige Finger."

Mit einem feuchten Küchentuch säuberte Claudia das Glas und stellte es zurück auf den Tisch. „Und nicht die Ursache“, fügte sie hinzu, wie es sich gehörte.

„Hahaha“, grunzte Veit unwillig, „mach nur weiter so.“

„Was kann ich tun, damit sich deine Sorgenfalten glätten?“ Sie strich dem Gatten behutsam über die Stirn.

„Du könntest mir zum Beispiel einen Tipp geben, wo die verdammte Weihnachtskrippe abgeblieben ist.“

„Die verdammte Weihnachtskrippe? Mal überlegen. Vielleicht im linken Kellerschrank?“

„Nein, da hab ich schon geschaut.“

„Am Speicher hinter der Campingausrüstung? Im Abstellraum? Im Regal im Nähzimmer?“

„Hab ich alles überprüft. Fehlanzeige!“

„Und wozu brauchst du die Krippe? Jahrelang hat sie keinen Menschen interessiert.“

Veit verzog das Gesicht zu einer Grimasse. „Die Krippe war ein Geschenk meiner Eltern. Gestern hatte ich einen Anruf im Büro. Meine Mutter hat auf einem Weihnachtsmarkt einen Elefanten erstanden, passend zu dieser Krippe. Sie kann es gar nicht erwarten, das gute Stück neben den anderen Figuren aufzustellen.“

„Dann ist es ernst. Kinder, habt ihr eine Ahnung, wo unsere Krippe abgeblieben ist?“

Dagmar und Felix schauten sich an. „Du meinst die Weihnachtskrippe?“, fragte der Junge gedehnt. „Mit diesen Schafen und Königen?“

„Junger Mann, heraus mit der Sprache!“, sagte Claudia

Wintergerst streng. „Was ist dir über das Schicksal unserer Weihnachtskrippe bekannt?"

„Die hat der Felix eingetauscht gegen einen Bagger mit Licht", kicherte Dagmar.

„Du hast was?" Veit schaute seinen Sprössling entsetzt an.

„Eingetauscht", gestand der Junge kleinlaut. „Beim Sandspielen. Gegen einen Schaufelbagger mit Licht."

„Wie kommst du Satansbraten dazu, unsere heilige Weihnachtskrippe zum Sandspielen mitzunehmen? Wem hast du diese verdammte Krippe gegeben?"

„Dem Heini Hupf."

„Hupf? Wer ist das?" Veit wandte sich an Claudia. „Kennst du diese Leute?"

„Mit der Mutter war ich früher im Elternbeirat. Hanni Hupf. Die Familie ist letztes Jahr weggezogen."

Veit ließ sich kraftlos auf seinen Stuhl plumpsen und starrte mit ausdrucksloser Miene ins Leere. „Macht nur alle so weiter!"

Claudia schob die Kinder aus der Küche und begann den Frühstückstisch abzuräumen.

12

„Könntest du jetzt bitte den Fernseher ausschalten und mit mir die wichtigsten Punkte noch einmal durchgehen?" Claudia wurde ungeduldig.

„Ja, sofort."

Zum fünften Mal zappte Veit alle Sender durch. „Da muss doch irgendwo dieser Fußballjahresrückblick kommen."

„Was findet ein erwachsener Mensch an Berichten von Fußballspielen, deren Ergebnisse längst bekannt sind?"

„Du hast diese *Hochzeit des Figaro* auch dreimal angeschaut, obwohl du spätestens nach dem ersten Mal gewusst hast, wie es ausgeht." Veit schaltete den Fernseher aus. „Also, was gibt's?"

„Was es gibt?" Claudia japste nach Luft. „Morgen ist Weihnachten und wir haben weder Truthahn noch Karpfen, der Baum ist nicht altdeutsch und nicht amerikanisch, und entgegen den ausdrücklichen Vorgaben haben wir noch nicht einmal selbstgebackene Spekulatius!"

„Lass mich nur machen", verkündete Veit gönnerhaft. „Ich werde den Herrschaften die Katastrophen schonend beibringen."

„Und was wird mit der Weihnachtsgeschichte von deinem Vater?"

„Immer noch besser die Geschichte von meinem Vater als das Musizieren der Kinder."

„Freu dich nicht zu früh. Deine Eltern meinen, die Hausmusik scheitert nur an unserer mangelnden Autorität. Wenn sie das morgen selber in die Hand nehmen, werden die Kinder ihre Bockigkeit aufgeben und die Instrumente auspacken."

„Ui ja!" Veit lachte boshaft. „Felix könnte seinen berühmten Schaufelbagger auspacken. Und Dagmar ihren Ghettoblaster. Der macht auch Krach. Sind wir jetzt durch?"

„Dann wäre da noch der Klaviervortrag deiner werten Frau Mama."

„Dem seh ich gelassen entgegen", spottete Veit. „Wenn du

dich entsinnst, haben wir gar kein Klavier."

„Ich entsinne mich wohl, aber sag das deiner Mutter."

„Immer mit der Ruhe. Im Übermitteln dramatischer Nachrichten bin ich einsame Spitze."

„Dann kann gar nichts schief gehen."

13

Die erste Verstimmung gab es an der Wohnungstür. Wilhelm Wintergersts Stimme schallte durch das Treppenhaus. „An jeder Tür ein geschmückter Weihnachtskranz. Nur bei meiner Schwiegertochter nicht. Hättet ihr einen Ton gesagt. Die Kleinigkeit, die das kostet, hättet ihr von uns haben können."

Claudia war perplex. „Es geht nicht drum, ob man sich's leisten kann, sondern ob man jeden Unsinn mitmacht."

Veit schob seine Eltern in die Wohnung und zog die Tür ins Schloss.

Claudia dirigierte den Besuch weiter ins Wohnzimmer. „Vielleicht wollt ihr einen Schluck trinken? Ich hab grad heißen Tee."

Walburga blickte zum Fenster. „Habt ihr keine Lichterkette?", maulte sie enttäuscht.

Energisches Klingeln rief Claudia zur Wohnungstür. Ihre Eltern rauschten herein und schimpften über den Taxifahrer, der die Adresse erst im dritten Anlauf gefunden hatte. Gisela Geigenberger war gerade im schönsten Lamentieren, da erstarb ihr das Wort mitten im Satz.

Wilhelm und Walburga Wintergerst waren in den Gang

getreten. Gisela verengte die Augen zu schmalen Schlitzen. Die beiden Männer warfen einander abschätzige Blicke zu. Walburga tat, als habe sie Gernot und Gisela gar nicht wahrgenommen. Mit klebrig süßem Lächeln wandte sie sich an die Gastgeberin. „Sag mal, Kindchen, was hast du dir denn da für einen krummen Baum andrehen lassen?" Sie deutete auf die offene Wohnzimmertür. „Der ist ja kaum zwei Meter hoch und die unteren Äste stehen viel zu dicht."

„Und dieser Christbaumschmuck", setzte Wilhelm hinzu. „Rot und blau. Sogar das Lametta. Das sieht aus wie die Reklame von einem Fußballverein. Warum habt ihr kein Gold und Silber genommen?"

„Echte Kerzen", mahnte Walburga. „Wie schnell ist da ein Zimmerbrand entstanden. Das hab ich erst neulich beim Frisör in der Illustrierten gelesen."

Claudia sagte mit fester Stimme: „Mir gefällt der Baum so, wie er ist. Und überhaupt hat den der Veit ausgesucht."

Gisela hatte die Diskussion der anderen genutzt, auch einen Blick auf den Baum zu werfen. „Aber Claudia", seufzte sie, „Strohsterne verwendet doch kein Mensch mehr. In den Kaufhäusern gibt es so wunderschönen Christbaumschmuck. Beim Wunderland hatten sie Girlanden mit blinkenden Lauflichtern, auf denen eine schneebedeckte Eisenbahn in einer Spirale um den Baum herumfährt. Das gibt es sogar mit Musik."

Claudia quetschte zwischen zusammengebissenen Zähnen ein windschiefes Lächeln heraus. Dann führte sie die Besucher in die Küche, wies ihnen Plätze am großen Esstisch zu und drückte jedem eine Tasse heißen Tee in die Hand.

14

Argwöhnisch befunkelten sich die Gäste. Die Spannung war mit Händen zu greifen. Die Kinder zogen sich verschreckt in ihre Zimmer zurück. Claudia konnte es ihnen nicht verdenken. Schnell füllte sie eine Schüssel mit Dominowürfeln und Lebkuchen und stellte sie in die Mitte des Tisches.

„Kindchen, ich hab dir doch gesagt, nichts Süßes“, tadelte Walburga Wintergerst. „Und nicht einmal selbstgebacken.“

„Sind die wenigstens für Diabetiker geeignet?“, wollte Wilhelm wissen, und Gisela raunzte: „Wenn wir euch schon einmal im Jahr besuchen, hättest du immerhin Nürnberger Elisenlebkuchen besorgen können. Das sollten dir deine Eltern wert sein.“

Nur Gernot war still und kaute mit vollen Backen. Während er einen Lebkuchen mit Schokoladenglasur in den Mund stopfte, griff er bereits nach dem zweiten. Die Gastgeberin riss eine weitere Plätzchenpackung auf. „Hier Wilhelm, die sind extra für dich.“

„Nun Kindchen, müssen wir nicht bald los zum Gottesdienst?“, wollte Walburga wissen.

„Ich dachte, in die Kirche gehen wir nach der Bescherung“, erklärte Claudia, „der Familiengottesdienst am Nachmittag ist immer überfüllt. Außerdem gäbe das eine arge Hetze.“

„Also wir waren pünktlich“, stellte Wilhelm fest. „Wenn jemand zu spät gekommen ist, dann waren das bestimmt nicht wir.“

„Eben“, pflichtete ihm Walburga bei. „Wir hätten es sehr schön gefunden, wenn man mit der Kirche begonnen hätte.

Das öffnet Herz und Seele für die nachfolgende Feierlichkeit."

„Ich brauch keine Kirche", schmatzte Gernot, „nichts als scheinheilige Wichtigtuer." Wieder schob er einen Schokoladenlebkuchen in den Mund.

Walburga setzte eine sauertöpfische Miene auf. „Darf man fragen, was ihr sonst vorhabt, wenn ihr nicht in die Kirche wollt?"

„Am besten fangen wir mit Wilhelms Weihnachtsgeschichte an", schlug Claudia vor. „Danach kommt das Abendessen und anschließend die Bescherung."

„Auf keinen Fall", fiel ihr Walburga ins Wort. „Die Weihnachtsgeschichte kommt natürlich als Höhepunkt während der Bescherung. Und was ist mit meinem Klaviervortrag? Und mit dem Musizieren der Kinder?"

„Was soll das für eine seltsame Weihnachtsgeschichte sein?", fragte Gisela mit schriller Stimme, während Gernot mit vollen Backen grunzte „Oh, die Kinder spielen uns was vor. Wie schön! Ich habe gar nicht gewusst, dass sie Instrumente beherrschen."

„Tun sie auch nicht." Claudias Ton war schärfer, als ihr lieb war. Sie warf Veit einen flehenden Blick zu, doch der war gerade anderweitig beschäftigt. Er versuchte, das alte Kerzenkarussell in Gang zu bringen, nahm von den Vorgängen um sich herum keine Notiz. *Im Übermitteln dramatischer Nachrichten einsame Spitze. Den Herrschaften die Katastrophen schonend beibringen. Wer's glaubt, wird selig.*

„Aus dem Klaviervortrag wird leider nichts werden", verkündete Claudia gepresst. „Wir haben nämlich gar kein Klavier. Und die Kinder haben auch keine Instrumente. Das Musikalischste, was dieser Haushalt zu bieten hat, sind eine Trillerpfeife und ein alter Kamm."

„Schade", meinte Gernot und tröstete sich mit einem neuen Lebkuchen.

„Wir können gerne gemeinsam etwas singen", setzte Claudia versöhnlich hinzu. „Die Kinder haben von der Schulweihnachtsfeier kopierte Liedertexte mitgebracht."

„Ohne Instrumente hat das keinen Sinn", erklärte Walburga kategorisch.

„Auch recht", meinte Claudia gelassen. „Wer weiß, was uns erspart bleibt."

15

„Sag mal, Claudia, muss der Braten nicht längst in den Ofen?", fragte Gisela besorgt.

„Ich hör immer Braten", empörte sich Wilhelm, „ich denke, es gibt Truthahn?"

„Und ich hab mich so auf den Karpfen gefreut", teilte Gernot beleidigt mit.

„Das ist typisch", keifte Walburga, „gegessen wird nur, was deinen Eltern schmeckt. Das war schon immer so. Mein Veit hatte in diesem Haus noch nie etwas zu sagen."

Wenn er doch endlich etwas sagen würde, dachte Claudia flehentlich. Und laut sagte sie: „Nach alter Tradition gibt es Weißwürste."

Gisela schnappte nach Luft. „Da fehlen mir die Worte."

Auch recht, dachte Claudia und stellte frisches Teewasser auf.

„Hast du den Zimttee besorgt, den ich empfohlen habe?“, fragte Walburga lauernd.

„Soll ich dir einen aufbrühen? Sonst noch jemand? Dann mach ich gleich eine ganze Kanne.“

„Für mich bitte einen Diabetikerpunsch“, äußerte Wilhelm.

„Und für mich ein Gläschen Sekt“, tat Gisela ihre Wünsche kund.

„An Weihnachten trink ich am liebsten einen Eierlikör“, verkündete Gernot fröhlich.

„Dann will ich ein Glas Rotwein“, beeilte sich Walburga zu sagen. „Einen Beaujolais oder einen leichten Burgunder.“

„Für mich einen Erdbeermilchshake“, ließ sich Dagmars Stimme vom Gang vernehmen. „Und für Felix einen heißen Kakao ohne Haut.“

„Mir lieber ein Glas Champagner“, korrigierte Gisela ihre Bestellung. „Immerhin ist heute Weihnachten.“

Walburga warf der Sprecherin einen feindseligen Blick zu. „Wenn das so ist, dann krieg ich einen Mouton-Rothschild oder einen Château Latour.“

„Ich nehme das Gleiche. Aber als Diabetikerpunsch“, erinnerte Wilhelm an seine Bedürfnisse.

Und Gernot meinte bescheiden: „Es dürfen auch zwei Eierliköre sein. Am besten bringst du die ganze Flasche.“

„Dann also keinen Zimttee“, stellte Claudia lakonisch fest. „Für die anderen Getränke ist der Veit zuständig. Liebling, sei bitte so gut.“

Veit schaute verdutzt von dem Nussknacker auf, an dem er gerade herumbastelte. „Die Getränke? Du weißt doch, Schatz, mir fehlt da der Überblick." Er stellte den Nussknacker zur Seite und ergriff ein Räuchermännchen, das offensichtlich auch einer Wartung bedurfte.

Für einen Moment machte Claudia die Augen zu und holte tief Luft. „Nun, Herrschaften, wir haben Weißbier, Apfelsaft und Mineralwasser, auf Wunsch auch als Schorle. Mein Angebot für diverse Teesorten steht nach wie vor, auch für Kaffee. Dann gibt es noch kalte Milch oder Leitungswasser. Was darf's also sein?"

Vier offene Münder starrten sie entgeistert an. Da keiner einen Wunsch äußerte, stellte sie kurzerhand je eine Flasche Apfelsaft und Wasser auf den Tisch, dazu vier Gläser. Na also.

Während des Abendessens war es gespenstisch still. Gisela knabberte mit beleidigter Miene an einer Breze, Walburga lutschte an einer Semmel und Wilhelm richtete bei dem Versuch, seine Wurst fachgerecht zu häuten, auf seinem Teller ein Gemetzel an. Einzig Gernot aß mit Appetit und lud sich bereits die siebte Weißwurst auf den Teller. Die Kinder zeigten sich ausnahmsweise von ihrer guten Seite und brachten die Mahlzeit gesittet über die Bühne. Nur als Felix sich bei seinem Vater darüber beschwerte, dass Großvater Wintergerst mit dem senfbeschmutzten Messer an die frische Butter ging, traten leichte Irritationen auf.

Aber die Show musste weitergehen, daher scheuchte Claudia jetzt ihren Mann ins Wohnzimmer, um die Kerzen am Christbaum anzuzünden.

16

Da standen sie dann im Halbkreis um das Bäumchen herum und machten ratlose Gesichter.

Claudia verpasste ihrem Gemahl einen Hieb in die Rippen. „Äh, nun, also …“, stotterte der, „dann wünsch ich allen frohe Weihnachten!“ Das brachte die Dinge nicht gerade in Schwung. Also schenkte Claudia ihrem Schwiegervater ihr freundlichstes Lächeln.

„Lieber Wilhelm, willst du uns nicht jetzt deine Weihnachtsgeschichte vorlesen? Wir sind schon schrecklich gespannt.“

„Ich bin nicht gespannt“, warf Gisela boshaft dazwischen.

„Erst die Geschenke“, mischte sich Walburga ein. „Sonst gibt es bei der Geschichte zu viel Unruhe, wenn die Kinder noch nicht saturiert sind.“

„Was sind wir noch nicht?“, wollte Felix wissen.

„Zufrieden gestellt, Kind“, erklärte Claudia.

„Dann hoff ich nur, ihr habt genügend eingepackt, um mich ordentlich zu saturieren.“ Und schon stürzten sich der Bub und seine Schwester auf den Berg mit Geschenkpaketen.

„Halt, halt, so geht das nicht“, rief Gisela aufgeregt und erwischte ihren Enkel am Pulloverärmel.

„Was geht so nicht?“, fragte Veit verdutzt.

„Na, dass sich hier jeder auf die Geschenke stürzt ohne Plan und Ziel. Wir sind doch zivilisierte Menschen von hoher Kultur.“

„Und was heißt das im Klartext?“

„Wir packen die Geschenke nicht alle gleichzeitig aus, sondern einer nach dem anderen.“

„Wenn's der Kultur dient." Veit zuckte die Schultern. „Und wer soll anfangen?"

„Das Familienoberhaupt natürlich", verkündete Walburga, „Wilhelm, würdest du bitte."

„Wer sagt denn, dass der das Familienoberhaupt ist?", protestierte Gisela. „Da wäre davor erst Gernot an der Reihe."

„Dann trete ich den Anspruch an die Kinder ab", erklärte Gernot. „Dagmar soll anfangen."

„Kommt nicht in Frage", widersprach Walburga. „Die Kinder müssen lernen, auch einmal warten zu können. Dann fang eben ich an."

„Das würde dir so passen", keifte Gisela, „da bin vorher ich dran."

„Tu's doch, wenn du dich nicht beherrschen kannst", zischte Walburga.

„So viel zur Kultur und zu den zivilisierten Menschen!" Claudia drückte jedem ihrer Kinder ein Paket in die Hand. „Fangt ihr schon einmal an. Die anderen können mitmachen, wenn sie zu Ende gestritten haben."

Das ließen sich die Kinder nicht zweimal sagen. Gierig fetzten sie das Papier von den Geschenken.

Da gab es auch für die Großeltern kein Halten mehr. Alle vier begannen hastig nach Paketen zu suchen, auf denen ihre Namen standen.

Veit schüttelte verwundert den Kopf. Claudia grinste.

„Großpapa, sieh mal, ein Zauberkasten", frohlockte Felix. Stolz präsentierte er den Karton.

„Tja, mein Junge", Wilhelm strich sich über den nicht

vorhandenen Bart, „ich hab mir gedacht, dass du alt genug bist für ein paar magische Tricks."

„Wieso hast du das gedacht?", zischte Gisela erregt, „der Zauberkasten ist von uns."

„Niemals!" Walburga sprang ihrem Gatten bei. „Ich habe das Ungetüm selber ausgesucht."

„Sieh nur, noch ein Zauberkasten", piepste Dagmar dazwischen, „jetzt hast du schon zwei."

„Ich würd sagen, jetzt hab ich drei", triumphierte der Junge und zog mit Kennerblick den Kasten, den sein Vater heimgeschleppt hatte, unter den übrigen Geschenken hervor.

„Hab ich diesen Bildband nicht schon letztes Jahr bekommen?", wollte Gernot wissen.

„Der ist über das Vogtland. Letztes Jahr war es die Fränkische Schweiz", belehrte Wilhelm. „Und im Jahr zuvor war es Lothringen. Wir kriegen auch immer diese Schinken."

„Wieder ein Schal", maulte Gisela vorwurfsvoll. „Wann bekomm ich endlich die Pelzstola?"

Claudia beschloss, einfach nicht hinzuhören. Da schaute sie lieber ihrem Vater Gernot zu, wie der beidhändig den Inhalt des Plätzchentellers in Sicherheit brachte.

„Wie könnt ihr zulassen, dass die Kinder solch gefährlichen Unfug bekommen?", ereiferte sich Walburga und zeigte auf die Dartscheibe, die Felix mit glänzenden Augen untersuchte. Das Zischen eines Sternwerfers ließ sie herumfahren. Dagmar stand in der Mitte des Zimmers und strahlte beglückt auf das funkenspeiende Stäbchen in ihrer Hand. Mit einem schrillen Schrei brachte sich die Großmutter in der

Zimmerecke in Sicherheit. „Wilhelm, so unternimm doch was. Sie stecken noch das ganze Haus an. Der Gestank ist nicht auszuhalten!"

„Wenn's stinkt, stinkt's", murmelte Gernot und steckte sich eine Zigarre in den Mund. Nicht einmal die Blicke seiner Frau konnten ihn abhalten, das Ungetüm in Brand zu stecken.

„Wilhelm, so unternimm doch was!", wiederholte Walburga ihren frommen Wunsch, doch der Angesprochene hatte keine Zeit. Er hatte angefangen, den Schmuck des Weihnachtsbaumes abzuhängen. „Dieses Lametta hält kein Mensch aus", schimpfte er und rupfte erneut eine Handvoll Blechfäden von einem Zweig.

„Wenn's der Kultur dient", murmelte Claudia. Sie drückte Gernot einen Aschenbecher in die Hand und Wilhelm die leere Plätzchendose als Behältnis für den erbeuteten Christbaumschmuck.

Langsam begann die Feier zu entgleiten. Claudia sah sich hilfesuchend nach ihrem Gatten um. Der hatte sich in eine Ecke zurückgezogen und war mit seinem neuen Fotoapparat beschäftigt. Da war keine Unterstützung zu erwarten. Tapfer wandte sich Claudia an ihren Schwiegervater. „Jetzt wär wohl die passende Zeit für deine Weihnachtsgeschichte."

„Ach, es fehlt irgendwie die rechte Stimmung. Ich vermisse die alten Rituale."

„Natürlich, die Rituale. Irgendwas Spezielles?"

„Eben dieses Besinnliche. Den dicken Flocken zusehen, die

vom sternenklaren Himmel fallen. In stiller Andacht die Figuren in der Krippe betrachten. Wo ist die Krippe eigentlich?“

„Jaja, die Krippe“, murmelte Claudia ausweichend.

Schrilles Kreischen ließ sie herumfahren.

„Lass los! Das ist für mich!“ Verzweifelt zerrte Gisela an einem länglichen Paket, dessen andere Seite Walburga umklammert hielt.

„Ich hab es zuerst gesehen“, keuchte diese und begann das Verpackungspapier aufzureißen.

Mit einem Seufzer schob sich die Gastgeberin zwischen die Kontrahentinnen. „Was soll das?“

„Das gehört mir“, behauptete Walburga, „es lag eindeutig bei meinen Sachen.“

„Da hat sie es erst hingelegt“, widersprach Gisela. „Das Geschenk ist für mich. Ich kenn doch Gernots Geschenkpapier.“

Wortlos entfernte Claudia die Verpackung und hielt den streitbaren Damen einen Tretroller aus Metall unter die Nase.

17

Walburga fauchte die Schwiegertochter an. „Hätte ich mir denken können, dass du keine ordentliche Feier auf die Beine stellst. Wenn ich an meine Cordula denke. Jeder Wunsch wird uns da von den Augen abgelesen. Aber bei dir herrscht nichts als Geiz und Chaos. Noch nicht einmal die Krippe hast du aufgestellt. Dabei hab ich extra einen neuen Elefanten gekauft. Aber nein, nicht einmal dieses harmlose Vergnügen ist uns vergönnt.“

Wortlos drehte Claudia sich um und marschierte aus dem Zimmer. Eine Minute später war sie wieder da, die Kiste mit Felix' Playmobilfiguren unter dem Arm. Sie schüttete den Inhalt in der Zimmermitte auf den Fußboden. „Bitte, hier ist eine Krippe. Die Piraten taugen als Hirten. Bauer und Bäuerin sind Josef und Maria. Dass das Jesuskindlein in einem Sportbuggy sitzt anstatt in einer Futterkrippe, werdet ihr verkraften."

„Das ist nicht dein Ernst!" Walburga fletschte die Zähne.

„Mein voller Ernst! Wenn die Krippe fertig ist, singen wir gemeinsam. Dann liest Wilhelm seine Weihnachtsgeschichte. Oder er lässt es bleiben. Veit, du räumst bitte die Verpackungen weg, und ihr anderen sortiert eure Geschenke, damit jeder weiß, was ihm gehört."

„Aber ich wollte doch die Fernsehansprache des Bundespräsidenten ...", stammelte Gernot verdutzt.

„Fernsehschauen an Weihnachten bringt Unglück", belehrte Claudia, „das ist wie mit dem Umtopfen nachtschattenartiger Gewächse."

„Wer sagt denn, dass man an Weihnachten nicht umtopfen darf?", wollte Wilhelm wissen.

„An Weihnachten nicht und nicht am Fest des heiligen Blasius von Korinth", erklärte die Gastgeberin mit ernster Miene.

Die Arme mit buntem Abfall beladen, stapfte Veit vorbei auf dem Weg in die Küche. Der kam Claudia gerade recht. „Du kannst gleich zwei Flaschen Rotwein aus der Kammer holen und dazu Gläser. Wir wollen unseren Gästen etwas Ordentliches zum Trinken anbieten."

„Aber ich denke …"

„Das Denken heb dir auf bis nach den Feiertagen. Da hast du Zeit dazu."

Mit offenem Mund stolperte er hinaus in den Gang.

„Hast du wenigstens die CD mit den Wiener Sängerknaben besorgt oder hast du das auch nicht auf die Reihe gebracht?" Walburga gab sich noch nicht geschlagen.

„Wir hören gerne die Weihnachtslieder von Bing Crosby. Wenn du eine Kostprobe willst …"

„Untersteh dich!", schnaubte Walburga.

„Auch recht." Claudia schaute nach, wie weit die Krippe gediehen war. Als Stall fungierte die Ritterburg. Die Heilige Familie thronte im oberen Burghof. Felix hatte Ochs und Esel durch Krokodil und Nilpferd ersetzt und Gernot stellte den Hirten eine ordentliche Herde aus Schweinen, Ziegen, Pinguinen und Seehunden zusammen. Dagmar kümmerte sich um die Könige aus dem Morgenland. Kaspar trug eine Ritterrüstung, Balthasar die Montur eines Motorradfahrers und Melchior die Kluft eines Medizinmanns.

Vor lauter Begeisterung holte Claudia ihren alten Fotoapparat aus dem Arbeitszimmer und machte eine Aufnahme von der originellen Szenerie.

Schon musste sie wieder in das Chaos eingreifen. „Veit, schenkst du bitte jedem ein Glas ein. – Bitte Papa, gönn uns eine Pause von deinen Zigarren. – Warte, Walburga, ich helf dir mit dem neuen Armband. – Mama, bist du so gut und bläst die beiden linken Kerzen aus, die sind schon weit runter gebrannt. – Wilhelm, nun können wir in Ruhe deine Geschichte anhören."

„Das ist schön", flüsterte der alte Herr und warf einen ängstlichen Blick zu seiner Ehefrau. „Ich ... äh ... ich hab die Geschichte zuhause auf der Kommode vergessen."

Claudia hätte beinahe lauthals gelacht. Glücklicherweise kam in diesem Moment Veit mit einem Tablett voller Gläser vorbei. Sie drückte ihrem Schwiegervater ein Glas in die Hand und nahm für sich selber auch eines. Als ihr Mann weitergegangen war, stieß sie mit Wilhelm an und lächelte ihm verschwörerisch zu. „Mach dir keine Gedanken. Hast du schon das Opernglas angeschaut, das ich für dich ausgesucht habe?"

„Ein Opernglas? Wenn du wüsstest, wie lange ich mir das schon wünsche." Er schaute wieder zu Walburga. „Man war bisher der Meinung, eine solche Anschaffung sei nicht notwendig. Vielen Dank."

Claudia ging zwei Schritte weiter zu ihrer Mutter. „Na, Mama, wie schmeckt der Wein?"

„Nicht übel. Frankreich?"

„Südtirol." Claudia hakte sich bei ihrer Mutter unter. „Was war mit den Kerschenbroichs? Was Ernsthaftes?"

„Ach wo. Du kennst doch deinen Vater." Gisela verdrehte ihre Augen. „Der ist schnell auf der Palme. Aber auch schnell wieder herunten. Sowie er richtig Durst hat und will nicht allein in die Kneipe gehen, ist alles vergeben und vergessen und der Fritze Kerschenbroich ist wieder der beste Freund auf Erden."

„Na dann."

Claudia goss ihrer Mutter nach und strich ihr leise über den Arm.

Sie schaute sich nach Walburga um. Die saß mit Veit auf der Couch und blätterte mit leuchtenden Augen in dem Bildband über das Vogtland. „Da, in Falkenstein waren wir letztes Jahr für drei Tage zum Wandern. Auf der Rückreise von Berlin. Wunderschöne Gegend. Die hatten da einen Gasthof mit einer fabelhaften Küche. Ach ja, und in Syrau hat Wilhelm seine Handschuhe liegen lassen. Auf dem Parkplatz neben der Drachenhöhle."

So wie es aussah, hatte Claudia nun endlich Zeit, sich um ihre Kinder zu kümmern. Im Schneidersitz setzte sie sich neben die beiden auf den Boden und ließ sich von ihnen die erbeuteten Geschenke vorführen.

Längst war es an der Zeit, zur Christmette aufzubrechen. Da sich von den Gästen keiner regte, verspürte auch Claudia kein Bedürfnis, die eingekehrte Eintracht zu stören. Lieber machte sie noch eine Flasche Wein auf. Selbst Walburga bediente sich tüchtig vom Plätzchenteller.

18

Als die Gäste gegangen waren, sank Claudia erschöpft auf das Wohnzimmersofa und stieß einen langen Seufzer aus.

Veit goss sich ein neues Glas Wein ein und meinte gemütlich: „So schlimm war es eigentlich gar nicht. Das können wir nächstes Jahr gerne noch einmal machen."

Aus schmalen Augen warf Claudia ihrem Gatten einen Blick zu. „Mach was du willst. Ich sitz dann mit Rita in Venezuela, trinke Mouton-Rothschild als Diabetikerpunsch, rauche eine Zigarre und lausche den Wiener Sängerknaben.“

Zimtsterne

1

Weil ein Kundentermin ausgefallen war, nahm Hanns Gantenbeck einen früheren Bus nach Hause. Auf dem Platz neben ihm kam eine junge Frau zu sitzen, die er von der Schulzeit her kannte. Und nicht nur das. Lange Jahre hatte er eine schwärmerische Schwäche für die strohblonde Gela Hellinger verspürt. Wenn er ehrlich war, verspürte er sie immer noch. So zögerte er nicht, als sie ihm vorschlug, sie zur Hauptversammlung der „Bürgerinitiative zur Erhaltung des Gotthilf-Penzelt-Hauses e. V." zu begleiten. Und weil er schon einmal da war, ließ er sich breitschlagen, der Bürgerinitiative als ordentliches Mitglied beizutreten. Dabei hatte Hanns vor einer Stunde noch keinen blassen Dunst gehabt, dass zu Beginn des 20. Jahrhunderts in einer baufälligen Behausung am Rande der Stadt ein verschrobener Lehrer gelebt hatte, der sich in seiner Freizeit als Heimatforscher und Archivar von Kirchenmusik betätigt hatte. Jetzt planten der Landkreis und die Stadt Bad Schofheim an der Laab den Bau einer Umgehungsstraße, der die ehemalige Lehrerwohnstatt zum Opfer fallen sollte. Das wollte die Bürgerinitiative mit allen Mitteln verhindern.

Hanns lauschte belustigt den Ausführungen der Vereinsfunktionäre. Nach dem Rechenschaftsvortrag des 1. Vorsitzenden, dem Kassenbericht, der Stellungnahme des Kassenrevisors, der Entlastung der Vorstandschaft kam der Tagesordnungspunkt „Verschiedenes".

Mit flammenden Worten forderte der Öffentlichkeitswart des Vereins zündende Ideen für die Werbung neuer Mitglieder. „Die Menschen kommen nicht von selber zu uns. Wir müssen sie abholen, wo immer sie sich herumtreiben."

„Wir könnten am Weihnachtsmarkt Adventslieder singen", schlug die Schriftführerin vor.

„Oder wir bauen einen riesigen Gotthilf Penzelt als Schneeplastik", warf die Kassiererin ein.

„Ich mach mich doch nicht vor aller Welt zum Affen!", rief Helmut Weber, der 1. Vorsitzende, empört.

Viele Anwesende nickten zustimmend.

Gela Hellinger meldete sich zum ersten Mal an diesem Abend zu Wort. „Warum machen wir nicht bei dem Wettkampf der Vereine mit?"

„Was für ein Wettkampf der Vereine?", fragte Weber.

„Ich finde die Idee klasse", äußerte die Schriftführerin. „Das wird ein Riesenspektakel. Das geht in die überregionale Presse."

„Was für ein Wettkampf der Vereine?", wollte Weber erneut wissen und stampfte mit dem Fuß auf wie ein trotziges Kind.

Gela legte ihm die Hand auf die Schulter. „Eine Adventsgaudi. Ein Wettessen. Vanillekipferl oder Spekulatius. Alle Vereine der Stadt können teilnehmen."

„Es geht um Zimtsterne!", rief der Kassenrevisor dazwischen.

Weber strahlte in die Runde. „Da machen wir mit. Beschlossen und verkündet!"

„Wer soll denn da antreten?“, warf jemand skeptisch ein. „Da werden Fressmaschinen gesucht, keine feingeistigen Plätzchenkoster.“

„Ich schlag den Helmut Weber vor“, rief einer aus der letzten Reihe.

„Reisinger!“ – „Meier!“ – „Moosmüller!“ Von allen Seiten hagelte es Namen. Doch jeder Genannte winkte sofort ab.

„Rainer Calmund!“

„Wieso? Der ist doch gar kein Mitglied.“

„Aber er sieht aus, als ob er ein guter Esser wäre.“

Aufgeregt meldete sich die Schriftführerin zu Wort. „Erinnert ihr euch an die Kirschtorte beim Sommerfest? Die hat unser Öffentlichkeitswart fast alleine weggeputzt.“

Der PR-Mann protestierte. „Wenn ich das Wort Zimtsterne bloß höre, krieg ich einen Ausschlag.“

„Warum nehmen wir nicht den Neuen? Der macht einen brauchbaren Eindruck“, warf der Kassenrevisor in die Runde.

„Warum nicht“, bestätigte Vorstand Weber. „Wir wollen ja nicht gleich Erster werden. Wir wollen nur Flagge zeigen beim Höhepunkt des örtlichen Vereinslebens.“

Das Gerede von dem Neuen machte Hanns nervös. Er hoffte bloß, dass sie nicht ihn meinten.

Diese Hoffnung schwand, als sich jetzt alle Augen auf ihn richteten.

Den Ausschlag gab Gela. „Bitte, bitte, bitte“, bettelte sie mit sanfter Stimme. „Du musst es tun! Mir zuliebe.“

Er schaute ihr in die kastanienbraunen Augen und nickte.

„Wir haben einen Champion“, tönte der Revisor. „Und

ich bin sein Coach." Er streckte Hanns die Rechte entgegen. „Rollo Klappauf. Ab sofort befindest du dich unter meinen Fittichen."

2

Es dauerte keine zwei Tage, da bereute Hanns Gantenbeck aus tiefster Seele, dass er sich hatte breitschlagen lassen. Im Stundentakt riefen verschiedene Mitglieder der Bürgerinitiative an und erteilten schlaue Ratschläge für seine Vorbereitung.

„Du musst ab sofort so viel essen, wie du überhaupt in dich reinbringst. Das weitet den Magen", meinten die einen.

„Du darfst bis zum Tag des Wettkampfes gar nichts mehr essen. Nur so hast du den nötigen Heißhunger", galt den anderen als todsichere Taktik.

„Du darfst nur noch Süßspeisen essen, um dich an den vielen Zucker zu gewöhnen."

„Nur herzhafte Nahrung, sonst hast du das Süße über, bevor es losgeht."

Klappauf stellte im Rahmen einer Vorstandssitzung einen detaillierten Trainingsplan vor. „Am 16. Dezember findet das große Spektakel statt. Da bleiben uns drei Wochen für das Training. Die erste Woche dient dem Gewichtsaufbau unseres Kandidaten. Morgens und abends kohlehydratreiche Kost mit Vitaminen und Ballaststoffen, mittags viel Fett und Eiweiß, Steak, Schweinebraten, Haxen. In der zweiten Woche steigern wir das Programm. Zusätzlich gibt es mittags einen Kaiserschmarrn und abends einen halben Christstollen. In der dritten Woche leichte Diätkost, gedünstetes Gemüse, klare Suppen, Kräutertee. Der Wettkampf geht über eine Distanz von 90 Minuten. Das heißt Langstrecke, nicht Sprint. Das steht man nur durch, wenn man sich seine Kräfte einteilt."

Die Anmeldung zum Wettkampf erfolgte im Bürgerhaus. Ausrichtender Verein war die 1. Privilegierte Feuerschützenvereinigung Eichenblatt e. V. Am Samstag vor dem 1. Advent trat eine Abordnung der Bürgerinitiative in frisch gebügeltem Sonntagsstaat an, um ihren Kandidaten anzumelden. Die stellvertretende Schützenmeisterin drückte Hanns eine Broschüre mit den Wettkampfregeln und seine Startnummer in die Hand.

„Das wird kein Zuckerschlecken", orakelte Klappauf, als er Hanns zum ersten Trainingsgespräch traf. „Es sind schon einige gehörige Kaliber gemeldet. Für den Schützenverein tritt der Wirt vom Schützenstüberl an. Ein heißer Titel-Anwärter ist der Mustafa Özgül vom Türkisch-Deutschen Freundschaftsverein. Fernfahrer. Ein Bär von einem Mann."

„Klingt nicht gerade ermutigend", brummte Hanns. Zum hundertsten Mal verfluchte er seine Zusage. Aber dann dachte er an Gela und wusste, für was er alles auf sich nahm.

Den von seinem Coach verordneten Trainingsplan hielt Gantenbeck zwei Tage durch. Dann legte ihn eine Magenschleimhautentzündung flach.

In den nächsten Tagen brachte Klappauf regelmäßig Nachrichten von der Konkurrenz. „Für die Volkshochschule tritt ein Realschullehrer an, der Kurse über Ernährungsmanagement hält“, dozierte Rollo aus seinen Notizen. „Die Freiwillige Feuerwehr schickt den Metzger Schebeck ins Rennen. Der hat einen professionellen Fresstrainer aus Japan kommen lassen. Sogar der Literarische Zirkel hat einen Kandidaten angemeldet. Ein spindeldürres Grischberl mit abstehenden Ohren. Den rauchst du in der Pfeife, soviel steht schon einmal fest.“

3

Samstag, der 16. Dezember. Die Luft war kalt, es roch nach Schnee. Hanns Gantenbeck hatte die ganze Nacht kein Auge zugemacht. Nach der Vorgabe des Trainers sollte er zum Frühstück Toast mit Magerquark zu sich nehmen, mittags eine leichte Gemüsebrühe. Bereits von dem Toastbrot brachte er keinen einzigen Bissen hinunter. Sein Hals fühlte sich rau an, seine Mundhöhle war ausgetrocknet. Die Zunge klebte am Gaumen. Als Bekleidung für den Wettkampf wählte er einen alten Norwegerpullover und eine ausgeleierte Jogginghose mit elastischem Bund. Die Wettkämpfer sollten um 18 Uhr vor Ort sein. Eine Stunde vorher machte sich Hanns zu Fuß auf den Weg.

Als er sich dem Oberen Marktplatz näherte, hörte er Blasmusik. Der Spielmannszug des Trachtenvereins zog mit einem flotten Marsch vorüber. Danach kam der Metzger Schebeck mit einer mehrfach geschlungenen Kette von Regensburgern um den Hals. Er thronte auf einer altertümlichen Feuerspritze, die von einem Dutzend Feuerwehrlern in voller Montur geschoben wurde. Ihnen folgte eine Traube von Schaulustigen, die sich das Spektakel nicht entgehen lassen wollten. Da er den gleichen Weg hatte, schloss sich Hanns der Menge an.

An der Einmündung vom Obermarkt in den Untermarkt setzten sich die Fußballer der Eintracht Schofheim, komplett mit 1. Mannschaft, Altherren-Team, A-, B-, C- und D-Jugend, an die Spitze der Prozession. Ihren Kandidaten trugen sie auf den Schultern. Ein breiter Strom von Schlachtenbummlern mit orange-violetten Fahnen und Drucklufttröten folgte nach.

An der Kreuzung zur Bürgermeister-Grießhaber-Straße wartete die Abordnung des Turnvereins. Vier Turner trugen in einer geschmückten Sänfte die dralle Wettkämpferin des Vereins. Es war die einzige Frau im Teilnehmerfeld. Ihr folgten alle Riegen und Abteilungen des Vereins von den Rhönradfahrern bis zur Mutter-und-Kind-Gruppe.

Gleich dahinter reihten sich mit selbstgebastelten Transparenten die Kurse der Volkshochschule ein. Die Gruppe der türkischen Fans schwenkte rote Fahnen mit Stern und Halbmond. Die Mitglieder des Literarischen Zirkels waren an ihren einheitlichen Weihnachtsmannzipfelmützen zu erkennen.

Am Feuchtwanger-Platz wartete die Abordnung der 1. Privilegierten Feuerschützenvereinigung Eichenblatt e. V. Als ausrichtender Verein übernahm sie die Führung des Umzugs. Sie hatten eine fünfköpfige Fahnenabordnung dabei und in vollem Ornat die Schützenkönige der letzen 15 Jahre. Marketenderinnen boten aus mitgeführten Schnapsfässchen den Passanten einen Schluck zum Aufwärmen an.

Wenn es das Ziel war, die Aufmerksamkeit der Öffentlichkeit zu erlangen, dachte sich Gantenbeck, *dann hat die Bürgerinitiative den Start schon mal gehörig versaut.*

Kurz vor 18 Uhr traf die Volksmenge am Wettkampfort, der Mehrzweckhalle des Gymnasiums, ein. Hanns Gantenbeck hatte sich am Ende des Zuges befunden. Als er endlich beim Halleneingang anlangte, wurde soeben wegen Überfüllung geschlossen. Zwei bärbeißige Ordner verwehrten ihm den Zugang.

In wilder Hast eilte er zum Seiteneingang. Auch dort ließ man niemanden mehr passieren.

„Aber ich bin einer der Wettkämpfer!“, rief er aufgeregt. Damit erntete er nur höhnisches Gelächter.

Mit hängendem Kopf schlich er an der Außenmauer der Halle entlang. Eine junge Frau mit ausgefransten roten Haaren und leuchtend grünen Augen hüpfte neben ihm her. „Das hab ich auch versucht“, gestand sie. „Mir haben sie es auch nicht geglaubt.“

Er blieb abrupt stehen und starrte sie entgeistert an. „Aber ich *bin* Wettkämpfer!“ Er war vor Verzweiflung außer sich. „Von der Bürgerinitiative zur Erhaltung des Gotthilf-Penzelt-Hauses e. V.“

„Oh Mann! Sowas denkt sich keiner aus.“

„Gibt es noch einen anderen Eingang?“

„Auf der Ostseite", lachte sie, „da komm ich gerade her. Hast du keinen Teilnehmerausweis oder sonst was Offizielles?"

„Nein, leider. Oder vielleicht doch." Er zerrte die zusammengeknüllte Startnummer aus der Hosentasche und versuchte sie auf seinem Oberschenkel glatt zu streichen.

„Lässig", grinse die Rothaarige. Sie half ihm, die Startnummer umzubinden. Dann eilte sie voran zum östlichen Eingang.

Statt Wachleuten hielten hier vier Sanitäter die Einlassbegierigen in Schach. Das Mädchen schlängelte sich wie ein Wiesel durch die Menge. Hanns hatte Mühe, hinterherzukommen. Jetzt war die Rothaarige an der Tür angelangt. „Wir müssen noch rein!" Wild fuchtelnd deutete sie auf Hanns' Startnummer. „Bürgerinitiative zur Erhaltung des Waldemar-Kruschke-Hauses e. V. Unser Kandidat hat seit Wochen nichts gegessen und kommt um vor Heißhunger auf Zimtsterne."

Wortlos hielten die Sanitäter einen Flügel der Glastür einen Spalt weit auf und ließen Hanns und die Rothaarige hindurch schlüpfen.

„War doch ganz leicht." Sie strahlte ihn an.

„Gotthilf Penzelt. Es muss heißen: *Gotthilf-Penzelt-Haus*."

„Und, spielt das eine Rolle?"

Verblüfft schaute er ihr ins sommersprossige Gesicht.

„Nein."

4

Er schüttelte dem Mädchen dankbar die Hand. Doch so leicht ließ die sich nicht abschütteln. „Hat euer komischer Verein hier ein Hauptquartier? Wo sind deine Fans? Musst du dich wo anmelden? Dürft ihr zu den Zimtsternen etwas trinken? Dürft ihr euch den Finger in den Hals stecken?"

Die Fragen sprudelten ohne Unterbrechung aus ihr heraus. Doch dafür hatte Gantenbeck jetzt keine Zeit. Er ließ sie kurzerhand stehen und drängte aus dem Vorraum in die Halle. In der Mitte des riesigen Raums waren in einer Reihe acht Tische aufgestellt, dahinter residierte die Wettkampfleitung. Dorthin eilte er nun mit schnellen Schritten. Drei Schützen in Jägermeister-Uniformen wühlten in einem Berg von Unterlagen.

„Entschuldigung, bitte! Mein Name ist Hanns Gantenbeck. Ich bin der Kandidat für die Bürgerinitiative zur Erhaltung des Gotthilf-Penzelt-Hauses. Wo muss ich mich anmelden?"

„Na endlich! Wir wollten dich schon übers Radio ausrufen lassen." Ein Oberschützenmeister mit wallendem Rauschebart drückte ihm kräftig die Hand.

„Die haben mich nicht in die Halle rein gelassen", stammelte er.

„In einer halben Stunde geht das Vorprogramm los. Startschuss für den Wettkampf ist um halb acht. Eine viertel Stunde vorher finden sich die Athleten bei der Wettkampfleitung ein. Ein Betreuer darf dir während des Wettkampfes zur Seite stehen. Wen hast du vorgesehen?"

„Das wird wohl der Klappauf sein. Ich muss ihn suchen."

Jetzt hatte Hanns Zeit, sich in der Halle umzusehen. Vor Staunen blieb ihm der Mund offen stehen. Auf drei Seiten gab es Zuschauertribünen, bis auf den letzten Platz gefüllt. Überall herrschte aufgeregte Geschäftigkeit. Auf einer elektronischen Anzeigetafel standen die Namen der acht Athleten.

An den beiden Stirnseiten der Halle gab es eine Reihe von Ständen. Hier stellten die teilnehmenden Vereine ihre Geschichte, ihre Ziele und Aktivitäten vor. Außerdem waren da Fressbuden, an denen man Getränke kaufen konnte, Bratwürste, Fischsemmeln, Lebkuchen.

Auf der Zuschauertribüne waren die Fanblocks deutlich auszumachen. Da waren die Fußballfans mit ihren Trikots in Orange und Violett. Die Anhänger der Feuerwehr hatten ein knallrotes Transparent entrollt. Auch der Turnverein ehrte seine Wettkämpferin mit einem Spruchband. In der Mitte der Haupttribüne wimmelte es von den grünen Uniformen der Schützen. Auf der rechten Seite saß die bunte türkische Fangruppe.

Und dann entdeckte Hanns seine eigenen Fans. Ganz außen am linken Rand hatten sich einige Gestalten in schwarzen T-Shirts um ein Bild des Gotthilf-Penzelt-Hauses geschart. Der komplette Vorstand war da und eine kleine Schar von Mitgliedern.

Zu seiner Freude entdeckte Hanns auch Gela Hellinger und den rührigen Betreuer Rollo Klappauf. Als er sich zu ihnen gesellte, nickten ihm einige freundlich zu.

„Wart ihr schon beim Wettbüro?", fragte Weber in die Runde.

„Was für ein Wettbüro?", wollte Hanns wissen.

„Buchmacher. 1 A aufgezogen!", erklärte sein Coach. „Da kannst du auf jeden der acht Kandidaten setzen. Alle zehn Minuten werden die Quoten neu berechnet."

„Und? Wer gewinnt?"

„Vorhin lag der Fußballer in Führung", sprudelte Weber eifrig hervor. „Dicht gefolgt von dem Metzger und dem Fernfahrer. Der Walküre werden Außenseiterchancen eingeräumt."

„Und ich?", fragte Gantenbeck leise.

Die anderen sahen sich betreten an. „Vorletzter", murmelte Klappauf. „Hinter dir ist nur noch das Grischberl von den Literaten."

„Na toll!", brummte Gantenbeck. „Aber ihr habt doch alle auf mich gesetzt?"

Schallendes Gelächter der Umstehenden war die Antwort. Und die Schriftführerin fügte hinzu: „Mein Junge, der Einsatz kostet echtes Geld. Das wirft man nicht zum Fenster hinaus. Wir haben natürlich auf Maximiliane Fäustle gesetzt, die Turnerin." Alle Frauen in der Runde nickten eifrig, selbst Gela Hellinger.

Hanns zuckte mit den Schultern und wendete sich ab. Das konnte ja heiter werden, wenn noch nicht einmal sein eigener Verein an ihn glaubte.

„He, warte!" Rollo kam hinterhergelaufen. „Gleich geht das Vorprogramm los."

„Wenn ihr nicht auf mich wettet, muss ich das selber tun", erklärte Hanns trotzig.

Am Buchmachertisch setzte er 30 Euro auf seine Startnummer 7. Einer mildtätigen Eingebung folgend füllte er einen zusätzlichen Wettschein aus, setzte noch 30 Euro auf das Grischberl mit der Startnummer 8.

„Das Geld ist beim Teufel, das ist dir schon klar?", zeterte Klappauf. Das war Hanns im Augenblick schnurzegal.

Aus den Lautsprechern ertönte eine Fanfare. Von der Tribüne des Turnvereins sprang eine Gruppe junger Frauen in silbernen Overalls auf. Zu den Klängen von *We Are The Champions* führten sie eine rasante Choreographie auf.

„Die Showtanzgruppe vom Turnverein", erläuterte Klappauf. „Danach kommen die Plattler vom Volkstrachtenverein und ein Männerballett von der Feuerwehr."

Nervös schaute Gantenbeck auf die Uhr. „Um viertel nach sieben müssen wir uns bei der Wettkampfleitung melden." Wieder war sein Rachen wie ausgedörrt. Dafür waren seine Hände schweißnass.

„Entspann dich", mahnte der Betreuer, „wir haben noch reichlich Zeit."

5

Ignaz, der Obmann der Wettkampfleitung, stand mit einem Mikrophon in der Hallenmitte. „Sehr geehrte Damen und Herren, herzlich willkommen zum ersten Bad Schofheimer Adventszimtsternewettessen. Es treten die Champions von acht herausragenden Vereinen unserer Stadt gegeneinander an. Wer in 90 Minuten die meisten Zimtsterne isst, gewinnt und darf sich fortan Schofheimer Zimtsternekönig nennen. Die Kandidaten können während des Wettkampfes essen und trinken, worauf sie Lust haben. Unzulässig sind pharmazeutische Produkte. Wer sich während des Wettkampfes übergibt, fängt wieder bei 0 an. Ich wünsche viel Vergnügen und einen fairen Wettstreit."

Donnernder Applaus ertönte.

„Ein paar Worte zum Wichtigsten des heutigen Abends, zu den Zimtsternen. Die wurden frisch gebacken in exakt einheitlicher Größe nach traditionellem Rezept von den Schülerinnen und Schülern der Klasse 2 c der Hauswirtschaftsschule am Buchenanger. Vielen Dank an die Lehrkräfte und die fleißigen Schüler."

Erneut brandete Beifall auf.

Ignaz war noch nicht fertig. „Ich stell euch jetzt die Kandidaten vor. Das ist das Beste, was man in Punkto Lebensmittelmassenvernichtung zwischen dem Kleinen Waxenstein und dem Ellenbogen auf Sylt finden kann. Für die Freiwillige Feuerwehr tritt an ein Schofheimer Urgestein, 52 Jahre alt, Metzgermeister, Kampfgewicht 145 Kilogramm. Die Quote für diesen Athleten steht bei 18 zu 10. Begrüßt mit der Startnummer 3: Seeeeeeeepp Schebeck!"

Er dehnte den Vornamen und ging mit der Stimme ganz nach oben, um danach den Nachnamen lauthals zu brüllen, so wie das die Ringsprecher bei den großen Boxkämpfen taten. Der Genannte trat vor und stellte seine beeindruckenden Fleischmassen zur Schau. Siegessicher winkte er seinen Fans zu, die begeistert pfiffen und johlten.

Der Hallensprecher ergriff wieder das Wort. „Für unseren Fußballclub, die Eintracht Schofheim, geht ihr allseits geschätzter Mannschaftskapitän und Mittelstürmer ins Rennen. 28 Jahre alt, Kampfgewicht 86 Kilo, Quote 22 zu 10. Mit der Startnummer 5: Michiiiiiiiii Vorrainer!"

Die Fußballanhänger betätigten ihre Druckluftsirenen, dass die Halle bebte.

Einer nach dem anderen wurden alle Athleten angekündigt. Als Vorletzter war Hanns an der Reihe. „Die Bürgerinitiative zur Erhaltung des Gotthilf-Penzelt-Hauses hat auch eine hungrige Seele aufgetrieben. 34 Jahre alt ist der Mann, Versicherungskaufmann, wiegt meinen Unterlagen zufolge 75 Kilo. Seine Quote steht bei 357 zu 10. Mit der Startnummer 7: Haaaaaanns Gantenbeck!"

Kaum einer in der Halle nahm Notiz. Weber rief ein aufmunterndes „Bravo, Hanns!", das war alles. Nicht einmal die Frauen der Bürgerinitiative fanden es der Mühe wert, den eigenen Kandidaten anzufeuern.

Lediglich Heinrich Kornklein, das „Grischberl" mit der Startnummer 8, wies mit 660 zu 10 noch eine schlechtere Quote auf. Womöglich war Hanns der einzige, der auf den Außenseiter gesetzt hatte.

6

In der Reihenfolge ihrer Startnummern wurden die acht Kandidaten auf die Tische in der Hallenmitte verteilt. Neben jedem Wettkämpfer nahmen sein Betreuer und ein Kampfrichter Platz. Die Tische waren mit weißen Leinentischtüchern eingedeckt. Junge Mädchen in Schützentracht verteilten Teller, auf denen abgezählt jeweils 25 Zimtsterne lagen.

„Kannst mir gleich noch zwei von den Tellern bringen, Madl!“, rief der Metzger Schebeck, „Sonst läufst du dir ja die Haxen wund.“ Gelächter im Publikum.

Ignaz schaute auf die große Hallenuhr. „19 Uhr 30. Der Wettkampf endet Punkt 21 Uhr. Möge der Beste gewinnen!“ Er hob den Arm, an der Hallendecke ertönte eine Startsirene.

Frenetischer Lärm erfüllte die Halle. Hanns hatte einen Knödel von der Größe einer Tennisballs im Hals. Wie sollte er da einen einzigen Zimtstern dran vorbeibringen? In heller Panik schaute er sich um. All seine Konkurrenten kauten schon mit vollen Backen. Zögernd griff er nach dem ersten Stern. Er biss eine Spitze ab. Prompt bekam er einen Hustenanfall. Noch einmal kostete er vorsichtig. Der Stern schmeckte überraschend gut, nicht zu süß und nicht zu bröselig.

„Wenn du den Weltrekord für Zeitlupe aufstellen willst, dann mach so weiter!“, krächzte ihm Rollo Klappauf ins Ohr. „Ich weiß nicht, ob dir das einer gesagt hat, hier geht es um Tempo.“

Schuldbewusst steckte Hanns den ganzen Stern in den Mund. „Ich dachte, ich soll langsam und gleichmäßig essen.“

„Aber doch nicht sooo langsam. Außerdem hab ich eine neue Taktik. Du musst in Intervallen essen.“

„Und wenn du ganz einfach deine Klappe hältst?“ Hanns kaute an Stern Nummer zwei.

„Bitte, wenn du kein professionelles Coaching brauchst." Klappauf wendete sich beleidigt ab.

„Wenn du mich wirklich unterstützen willst, besorgst du mir was zum Trinken."

„Irgendwelche besonderen Wünsche? Schnaps oder Kaffee oder Cola?"

„Am liebsten wär mir lauwarmer Pfefferminztee."

„Wird erledigt." Mit wichtiger Miene zog der selbsternannte Trainer ab.

Hanns schob einen weiteren Keks in den Mund.

Endlich hatte er Zeit, einen Blick auf die Konkurrenten zu werfen. Rechts neben Hanns saß das Literaten-Grischberl. Der brach die Sterne entzwei und steckte immer nur Teile in den Mund. Auf der anderen Seite von Hanns war der Wirt vom Schützenstüberl platziert. Der hatte sich eine porzellanene Weißwurstschüssel bringen lassen, in die er zwei Flaschen dunkles Bier geleert hatte. Da hinein schüttete er immer einen ganzen Sternenteller und löffelte ihn mit einem großen Suppenlöffel aus. Er schien bereits den zweiten Teller in Arbeit zu haben.

Auch andere waren bei ihrem zweiten Teller angekommen. Immer wenn an einem Tisch nur noch wenige Plätzchen verblieben, hob der zuständige Wettkampfrichter den Arm und schon eilte eines der Schützenmädchen mit einem vollen Teller herbei. Dieser wurde auf den leergegessenen Teller gelegt, so dass man am Stapel die Gesamtleistung des Athleten berechnen konnte. Links neben dem Wirt saß der Fußballer. Der steckte immer zwei Sterne auf einmal in den Mund. Man konnte das Mahlen seiner kräftigen Kiefer sehen. Einen Tisch weiter kämpfte die Turnerin Maximiliane. Weiter hinten saßen – für Hanns kaum noch zu erkennen – der Metzger, der Lehrer und der türkische Fernfahrer.

Hanns biss in Stern Nummer neun. Wenigstens war sein Mund nicht mehr so trocken. Zehn, elf, zwölf, dreizehn. Wenn er langsam und gleichmäßig kaute, kam er in einen brauchbaren Rhythmus. Vierzehn, fünfzehn, sechzehn. Er versuchte, an nichts zu denken und den Radau in der Halle auszublenden. Doch das war nicht so einfach. Gerade erhob sich tosender Beifall der Fußballfans, als ihr Kandidat als erster mit dem dritten Teller startete.

Nicht verrückt machen lassen, trichterte Hanns sich ein und schob seinen 20. Stern in den Mund. Oder war das Nummer 21? Egal, sein Kampfrichter würde zuverlässig mitzählen.

Er gestattete sich einen Blick über die Schulter zur großen Anzeigentafel. Bei dem Anblick rutschte ihm das Herz in die Hose. In Führung lag der Mittelstürmer mit 56 Sternen, dicht gefolgt von dem Türken mit 49 Sternen und der Turnerin mit 44. Auf den Plätzen dahinter lagen der Metzger, der Lehrer und der Wirt. Vorletzter war der Literat mit 29 Sternen. Er selber bildete abgeschlagen mit kümmerlichen 22 Sternen das Schlusslicht.

Worauf hatte er sich da eingelassen? Es waren kaum 10 Minuten um und er dachte ans Aufgeben. Was würde Gela sagen? Er konnte sich doch nicht lächerlich machen. Also

Augen zu und durch. Er musste nur den Wettkampf bis zum Ende durchstehen, das war alles. Das Grischberl lag lächerliche 7 Sterne vor ihm, das konnte er schaffen.

Mit neuem Mut schob er kurz hintereinander drei Sterne in den Mund. Als Rollo Klappauf mit einer Kanne Pfefferminztee kam, war Hanns längst bei seinem zweiten Teller. Wenn er bei jedem Teller zwei Sterne auf den Literaturfuzzi gut machte, hatte er eine reelle Chance auf den vorletzten Platz. Kurzerhand beschloss er, ab sofort alle anderen Konkurrenten zu vergessen und sich nur noch auf seinen unmittelbaren Nebenmann zu konzentrieren.

Hanns dankte Rollo für den Tee und schenkte sich ein Haferl voll ein. Dann nahm er seinen Widerpart ins Visier. Jedes Mal, wenn der andere ein Plätzchen aß, steckte auch Hanns eines in den Mund. Mit dem Tee spülte er nach, das schmeckte gar nicht schlecht. Für den ersten Teller hatte er 13 Minuten gebraucht, den zweiten schaffte er in elf. Nur leider war er dem Grischberl nur um einen lächerlichen Stern näher gekommen. Immerhin.

Als eine halbe Stunde um war, gab Ignaz einen Zwischenstand durch. In Führung lag unverändert der Fußballer vor dem Fernfahrer und der Turnerin. Da brauste Beifall auf für die einzige Frau im Feld, angestimmt aus tausend hellen Kehlen. Hanns konnte von seinem Platz aus sehen, wie sich auch die Kameradinnen aus der Bürgerinitiative ins Zeug legten, wie Gela schrie und mit den Armen fuchtelte, um Maximiliane nach vorne zu treiben. Der Wirt hatte den Lehrer überholt. Am Ende des Felds tummelten sich der Literat und Hanns. Er hatte den Abstand nicht verringern können.

Hauptsache, er ergriff seine Chance im Endspurt, wenn dem anderen die Puste ausging.

Der Hallensprecher Ignaz kommentierte die Technik der Wettkämpfer, führte eine lockere, boshafte Zunge. Soeben verriet er aus gewohnt sicherer Quelle, dass der Kandidat der Bürgerinitiative seine Taktik mit dem verblichenen Gotthilf Penzelt höchstpersönlich abgestimmt habe. Hanns beschloss, nicht mehr hinzuhören.

Auch den pausenlosen Kommentaren seines Coachs schenkte er kein Gehör mehr. Lieber ließ er sich weitere Aufgaben für ihn einfallen, um ihn in Bewegung zu halten. „Vielleicht kannst du irgendwo saure Gurken auftreiben. Auch Senf und Ketchup wären nicht schlecht."

Dienstbeflissen eilte Rollo los, um bei den Brotzeitständen das Gewünschte zu organisieren.

7

Zur Halbzeit verkündete der Hallensprecher die aktuelle Listung. Der Fußballer schien uneinholbar mit sagenhaften 195 Sternen. Er hatte seinen Vorsprung auf den Türken noch ausgebaut, der mit 169 Sternen weiter Platz 2 belegte. Gleichauf mit 154 Sternen lagen am dritten Platz die Turnerin und der Metzger. Es folgten der Wirt, der Lehrer, das Grischberl und Hanns. Wie es schien, hatte er auf den Lehrer einige Punkte gut gemacht, aber das war nur ein geringer Trost.

Längst hatte er aufgehört, beim Essen mitzudenken. Mechanisch schob er Stern für Stern in den Mund, kaute, schluckte, behielt den Literaten im Visier.

Wieder raffte sich das Publikum zu Beifallsstürmen auf, versuchte eine La-Ola-Welle, die recht und schlecht gelang. Einmal mehr taten sich vor allem die Fußballfans hervor und feierten freudetrunken die Führung ihres Matadors.

Hanns horchte in sich hinein, wartete, dass sich Übelkeit einstellte oder das Völlegefühl, vor dem ihn alle gewarnt hatten. Nichts dergleichen war zu verspüren. Nervosität und Aufregung lagen hinter ihm. Er kaute und schluckte und kaute.

Ein Raunen ging durch die Menge, Rufe der Überraschung. Der Fußballer hing erschöpft über seinem Tisch, käsweiß im Gesicht, bot ein Bild des Jammers. Seine Fans waren verstummt, mussten tatenlos zusehen, wie der Türke an ihrem Idol vorbeizog, kurz danach der Wirt.

Hanns warf einen Blick auf die Anzeige, tatsächlich, der Mittelstürmer war geschlagen, jetzt zog auch – unter dem Jubel der Frauen in der Halle – die Turnerin an ihm vorbei. Und noch etwas konnte Hanns erkennen, er selbst hatte den Lehrer überholt, war nun Vorletzter, und hielt immer noch mit dem Literaten Schritt.

Mit zunehmendem Fortgang des Wettkampfs machte Hanns der viele Zucker zu schaffen. Abwechselnd schmierte er einen Klacks Senf oder Ketchup auf die Sterne. Ab und zu biss er von einer Essiggurke ab.

„Soll ich dir noch was besorgen?“, fragte Rollo fürsorglich.

„Schnaps, besorg mir Schnaps. Ich brauch jetzt was für die Verdauung.“

Schon eilte der Helfer von dannen. Noch 15 Minuten.

Wieder gab es Aufruhr im Publikum. Der Wirt hatte einen weiteren Teller seiner Dunkelbiersuppe beendet, war damit an dem Fernfahrer vorbei gezogen und hatte die Spitzenposition eingenommen. Die Schützen waren völlig aus dem Häuschen.

Klappauf stellte eine Flasche Obstler und zwei Schnapsgläser auf den Tisch. Er schenkte ein und stieß mit Hanns an. Das tat gut.

„Sag mir bitte in den letzten Minuten die Stände durch“, bat Hanns. „Vielleicht kann ich noch einen Platz gut machen.“

Das ließ sich der Coach nicht zweimal sagen.

„Den Lehrer hast du weit hinter dir gelassen. Noch ein paar Sterne bis zum Fußballer.“

„Und das Grischberl? Hab ich den endlich?“

„Der liegt jetzt 19 Sterne vor dir. Keine Ahnung, wie der Hungerleider das macht. Der ist sogar an der Turnerin vorbeigezogen.“

Hanns schob eine Gurke in den Mund und zwei Sterne hinterher. Erneut kippte er mit seinem Coach einen Schnaps.

Noch neun Minuten. Jetzt ging er aufs Ganze. Für den letzten Teller hatte er kaum sechs Minuten gebraucht.

„Der Lehrer liegt abgeschlagen am Schluss. Der Fußballer ist Vorletzter“, kommentierte Rollo. „Sechster ist jetzt der Metzger. Mann, du bist fünfter.“

„Wer liegt vor mir? Und wie weit ist der weg?“, fragte Hanns aufgeregt und schob wieder zwei Kekse in den Mund.

„Auf die Turnerin fehlen dir neun Sterne. Die packst du! Noch fünf Minuten.“

„Und wer führt?“

„Erster ist der Wirt, zweiter das Grischberl, danach der Fernfahrer.“

Hanns fühlte sich wie aufgepumpt. Aber er hatte sich besser verkauft, als jeder erwartet hatte. Noch einen Stern mit Ketchup und einen mit Senf.

Pausenlos gab der Helfer den Abstand zur Turnerin durch. „243 zu 237. Du schaffst das.“

„Wie lang noch?“ Hanns hatte das Gefühl, jeden Moment zu platzen. Sein Magen war wie aufgebläht, sein Darm gurgelte gefährlich.

„Drei Minuten“, rief Rollo. „250 zu 247. Mach es! Mir zuliebe. Schnupf das Frauenzimmer.“

Hanns wusste selber, dass es jetzt ums Ganze ging. Dass die eigenen Vereinskolleginnen, allen voran Gela, ihn im Stich gelassen hatten, hatte ihn tief getroffen. Jetzt hatte er die Chance, es ihnen zurückzuzahlen.

„Noch 120 Sekunden“, japste Klappauf an seiner Seite. „Gleich hast du sie!“

Plötzlich stand Gela neben ihm.

Mit funkelnden Augen blickte sie ihn an.

„Untersteh dich, Maximiliane zu überholen!"

Hanns starrte sie mit aufgeklapptem Unterkiefer an. Vor Verblüffung vergaß er, weiter zu essen. In dem Moment erhielt er einen kräftigen Stoß in den Rücken. „Gib Gas. Hau die Trulla in die Pfanne!" Ausgefranste rote Haare erschienen in seinem Blickfeld. „Tu es für Waldemar Kruschke. Er hat es verdient." Das löste Hanns aus seiner Erstarrung. Ein Rülpser entrang sich seiner Kehle. Unter Mobilisierung seiner letzten Kräfte schob er in kurzer Folge Stern um Stern in den Mund, würgte das Gebäck halbzerkaut hinunter.

„Du hast sie!", schrie Rollo. „Weiter, weiter! Einer geht noch!" Hanns kaute und schluckte.

Schrill ertönte die Sirene von der Hallendecke. Gleichzeitig zogen die Kampfrichter den Wettkämpfern die Teller mit den Sternen weg.

Alle acht drehten sich gleichzeitig zur Anzeigentafel um. Es war sensationell. Das Grischberl hatte den Wettkampf mit 301 Sternen gewonnen, vor dem Wirt mit 292 und dem Fernfahrer. Hanns hatte mit seinem vierten Platz eine respektable Leistung abgeliefert. Dahinter lagen die Turnerin, der Metzger, der Fußballer und der Lehrer.

8

Gantenbeck sank erschöpft in seinem Stuhl zusammen. Erst als ihm der Coach einen weiteren Obstler eingetrichtert hatte, erwachten seine Lebensgeister wieder. Es folgte die Siegerehrung. Hanns erhielt eine Urkunde überreicht, einen kleinen Zinnpokal und eine große Keksdose, bis zum Rand gefüllt mit Zimtsternen. Natürlich gratulierte er den Dreien auf dem Treppchen.

Und dann fiel ihm ein, dass er in seiner Wut vor dem Wettkampf 30 Euro auf das Grischberl gesetzt hatte. Und aus diesen 30 Euro waren jetzt sagenhafte 1.980 Euro geworden. Erst als er den glücklichen Gewinn eingestrichen hatte, kamen ihm die Mitglieder der Bürgerinitiative in den Sinn. Außer Rollo Klappauf hatte es keiner für nötig befunden, ihm zu gratulieren.

Dafür beglückwünschte ihn Heinrich Kornklein, der strahlende Sieger des Abends. „Wenn du mich nicht gejagt hättest, hätte ich mich nie so ins Zeug gelegt.“

Das Publikum feierte den Gewinner, auch wenn die meisten während des Wettkampfs einem Anderen die Daumen gedrückt hatten. Vom Viertplatzierten nahm keiner besondere Notiz.

Müde schlich Hanns durch das Getümmel zum Ausgang. Plötzlich fühlte er eine Hand in der seinen. Als er aufblickte, schaute er in ein Paar leuchtend grüne Augen unter einem ausgefransten roten Haarschopf. „Hanns Gantenbeck, ich bin sehr stolz auf dich! Und Waldemar Kruschke ist es auch.“ Dann stellte sie sich auf die Zehen und drückte ihm einen Kuss auf die Wange. „Wollen wir noch etwas trinken gehen? Und eine Kleinigkeit essen, vielleicht ein paar Zimtsterne?“

„Essen werde ich sehr lange nicht mehr. Aber gegen ein Glas Bier hätte ich nichts einzuwenden.“

Seelenheim

1

Sanft schaukelte die Luftmatratze auf dem kristallklaren Wasser des Pools. Nele seufzte vor Glück. So stellte sie sich das Paradies vor. Die Sonne stand am tiefblauen Himmel, aus den Lautsprechern an der Bar wehte leise Swingmusik herüber und am Beckenrand hüpfte dieser verboten gutaussehende junge Mann wie ein Rumpelstilzchen auf und ab und versuchte, ihre Aufmerksamkeit zu erregen. In jeder Hand trug er ein Monsterexemplar von einem Cocktail mit Schirmchen und Früchtespießen. Die Sonnenbrille hing ihm auf der vordersten Nasenspitze. Mit Mühe konnte Nele sich das Lachen verbeißen. „Pass auf, Till, deine Badehose rutscht“, rief sie boshaft und freute sich diebisch über seinen entsetzten Gesichtsausdruck. Mit einer eleganten Bewegung glitt sie von der Luftmatratze und tauchte mit drei Zügen bis zum Beckenrand. Beim Auftauchen spritzte sie einen Schwall Wasser auf die Stelle, an der er eben noch gestanden hatte.

„Für wie blöd hältst du mich?“, tönte es aus sicherer Entfernung. Er stand hinter einem Hibiskusgebüsch und winkte mit den Cocktails.

Zwei Minuten später lag sie bäuchlings auf ihrer Liege, nippte an ihrem *Golden Dream* und genoss seine schlanken Hände, die das Sonnenöl in ihren Rücken massierten. „So könnte ich es für den Rest meines Lebens aushalten“, schwärmte sie.

„Wenn du die Wahl hättest, dein bisheriges Dasein weiterzuführen oder den Rest deines Lebens auf einer Südseeinsel zu verbringen, wofür würdest du dich entscheiden?“

Nele drehte sich zu ihm herum und zog die Nase kraus. „Wahrscheinlich würde mir die Sonne nach spätestens vier Wochen auf den Keks gehen. Der Regen würde mir fehlen, der Schnee und vor allem Weihnachten.“

„Weihnachten?“ Er nahm die Sonnenbrille ab und legte die Stirn in Falten.

„Klar, Weihnachten. Mit der ganzen Familie. Seit ich ein kleines Kind bin, ist das für mich das Schönste auf der Welt.“

„Oh.“ Er drehte sich zur Seite und schwieg.

„Und am allermeisten freue ich mich auf kommende Weihnachten.“ Sie streckte ihr Bein und berührte ihn sacht mit dem großen Zeh. „Willst du auch wissen, warum?“

Er schüttelte kaum merklich den Kopf.

„Na gut, Tillmann Wyssborn, wenn du es unbedingt wissen willst, dann kann ich es dir nicht länger verschweigen. Weil ich nämlich an diesem Tag meiner weitverzweigten Verwandtschaft, meinen Onkeln und Tanten und Geschwistern den Mann vorstellen werde, mit dem ich den Rest meines Lebens verbringen will.“

Sie hätte bei diesen Worten gerne sein Gesicht gesehen, aber er drehte ihr immer noch den Rücken zu. Und er sagte kein Wort.

„Heda, ist wer zu Hause?“, rief sie und gab ihm einen leichten Stoß mit dem Fußballen in sein Hinterteil.

„Doch“, war seine einsilbige Antwort.

„Und, was sagst du dazu?"

„Bis Weihnachten ist lange hin." Seine Stimme klang belegt. „Wir sind gerade mal seit fünf Monaten zusammen. Wer weiß, was bis dahin noch passiert."

Nele stand auf, trat zu ihm hin und schlang die Arme von hinten um seine Brust. „Ich will aber nicht, dass etwas passiert. Hörst du das, Tillmann Wyssborn? Und schon gar nicht will ich, dass etwas passiert, was dazu führen könnte, dass wir Weihnachten nicht zusammen feiern."

Er löste sich aus ihrer Umarmung, ging die paar Schritte bis zum Pool und sprang hinein.

Mit zusammengekniffenen Augen schaute sie hinterher. Irgendetwas stimmte da nicht. Und was das war, das würde sie schon noch herausfinden.

2

Ende September kam der obligatorische Anruf von Neles Mutter.

„Klar Mama, klar feiern wir Weihnachten bei euch. Ich muss den Till doch endlich der ganzen Bagage vorstellen. Natürlich bring ich wieder den Kartoffelsalat mit. Und Papas Lieblingspunsch. Wenn man an Weihnachten nicht seine Rituale pflegt, wann sonst?"

„Hat der junge Mann irgendwelche Vorlieben, etwas, das er besonders gerne isst oder trinkt?"

„Till ist Allesfresser. Der verschlingt, was auf den Tisch kommt."

„Und was ist mit Geschenken?", fragte die alte Dame.

„Sollen wir für ihn eine Kleinigkeit besorgen, damit er etwas zum Auspacken hat bei der Bescherung?"

„Lieber nicht. Mit meinem Geschenk wird er alle Hände voll zu tun haben."

„Dann will ich hoffen, dass er für dich auch ein angemessenes Geschenk dabei hat."

„Worauf du dich verlassen kannst. In Geschenken ist der Till ganz groß. Seit ich ihn kenne, ist noch keine Woche vergangen, in der er mir nicht eine kleine oder größere Überraschung bereitet hat."

„Alle Achtung! Scheint ein echtes Prachtstück zu sein. Warum kommt ihr nicht am nächsten Wochenende auf einen Sprung vorbei. Wenn das Wetter hält, kann Papa den Grill noch einmal anschmeißen."

„Das ist lieb, Mama. Aber bis Weihnachten werdet ihr euch schon gedulden müssen."

Zum Abendessen trafen sie sich in ihrer Lieblingspizzeria. Die Gläser mit dem Barolo stießen klingend zusammen.

„Heute hat meine Mama angerufen", strahlte sie ihn an. „Meine Familie kann es kaum erwarten, dich an Weihnachten endlich kennenzulernen."

Seine Miene verfinsterte sich für einen Moment. „Bitte sei mir nicht böse, aber kann ich deine Leutchen nicht zu einem anderen Anlass kennen lernen? Wir könnten deine Eltern am nächsten Wochenende besuchen, zum Kaffeetrinken. Wenn du willst, back ich einen Kuchen."

„Aber ich wollte dich doch allen zusammen vorstellen.

Meiner Schwester Katja und ihrem Mann Bernd. Meinem Bruder Raimund mit Maja und den Zwillingen. Meinen Onkeln und Tanten und meiner Lieblingscousine Edeltraud. Die sind nur ein einziges Mal im Jahr auf einem Haufen beisammen. Und das ist an Weihnachten."

Für eine ganze Weile blickte Till auf die Tischplatte. „Ich will die ja herzlich gerne alle kennen lernen, die Katja und deine Edeltraud und den Raimund und alle anderen. Aber wir können die doch nacheinander treffen. Wenn wir jedes Wochenende einen Besuch machen, sind wir in ein paar Wochen durch."

Mit schräg gestelltem Kopf schaute Nele ihn an. „Was ist gegen ein Kennenlernen an Weihnachten einzuwenden?"

Er räusperte sich, „Die Sache ist die: Dieser ganze Zinnober mit Weihnachten liegt mir nicht."

„Wie, das liegt dir nicht? Geht dir die Schenkerei auf den Geist? Der Kommerz? Oder das Besinnliche?"

„Ja, auch."

„Da kann ich dich beruhigen. Bei uns kann sich jeder so geben, wie er ist. Lauter fröhliche, ein bisschen verrückte Leute. Und wir beide mitten drin. Es wird dir gefallen."

„Eine Bitte, Schatz: Können wir über etwas anderes reden?"

Sie nickte wortlos und schaute ihn mit gekräuselter Nase an.

Tillmanns Verhalten ging Nele tagelang nicht aus dem Kopf. Kurzentschlossen griff sie zum Telefonhörer und rief ihre Cousine in Hamburg an.

Sie hielt sich nicht mit Vorreden auf, sondern berichtete der vertrauten Freundin ohne Umschweife, wo der Schuh drückte.

Edeltraud lachte. „Na hör mal, da brauchst du dich nicht zu wundern. Dein Freund bekommt kalte Füße. Der hält das für eine offizielle Verlobungsfeier."

„Aber so ist das doch gar nicht gemeint!"

„Das weißt du und das weiß ich. Männer sind bei sowas sehr sensibel. Da schrillen bei denen alle Alarmglocken."

„Und was jetzt?"

„Sag ihm ganz offen, dass er sich keine Sorgen zu machen braucht. Dass alles ganz harmlos ist. Kennenlernen ohne jeden Hintergedanken. Dann wird er sich schon beruhigen."

„Aber deshalb muss er nicht gleich sagen, dass er Weihnachten nicht mag. Sowas gibt es doch gar nicht. Jeder mag Weihnachten. Das bekommt man als Kind mit der Muttermilch mit. Wenn ich mich an etwas in meiner Kindheit erinnern kann, dann an die Weihnachtsfeste."

Erneut kam Edeltrauds Lachen durch die Leitung. „Männer! Müssen immer den harten Kerl markieren. Keiner würde je freiwillig zugeben, dass er eine romantische Ader hat. Dabei haben sie die. Und wie. Das ist ja das Schöne. Jetzt mach dir keine Sorgen. Wir werden deinen Tillmann schon in unsere Arme schließen und ihm klarmachen, in was für eine geniale Familie er da hineingeraten ist."

3

Wie gerne hätte Nele der Cousine geglaubt. Doch wann immer in den nächsten Wochen die Rede auf die Weihnachtsfeier kam, wechselte Tillmann das Thema.

Es war Ende November. Sie hatten mit zwei von Neles Kolleginnen einen Kinofilm besucht und waren anschließend auf ein Glas Wein in ihrer Stammkneipe gelandet. Dorle berichtete in leuchtenden Farben von dem abenteuerlichen Kauf eines Heimwerkersets, das sie ihrem Freund zu Weihnachten schenken wollte. Das war das Stichwort für Hilde. „Egal, wie viel Gehirnschmalz ich für ein Geschenk investiere, immer behauptet mein Mann, es wäre ihm lieber, wenn wir das Geld für was Sinnvolles ausgeben. Manchmal glaube ich, dem kann der ganze Weihnachtsrummel gestohlen bleiben."

„So einen kenn ich auch", lachte Nele. „Aber die Männer tun nur so, als hätten sie keinen Spaß an der Feier. Im Innersten ihres Herzens genießen sie es genauso wie jeder normale Mensch."

Tillmann räusperte sich. „Es kann doch sein, dass es Leute gibt, denen der Firlefanz wirklich nicht taugt."

„Papperlapapp", sagte Nele schnell. „Natürlich muss man nicht das halbe Jahr mit den Vorbereitungen verbringen und die Dinge wichtiger nehmen, als sie sind. Aber ich erwarte von meinem Partner, dass er diesen besonderen Abend mit mir verbringt. Und dass er mir durch ein Geschenk seine Zuneigung beweist."

Hilde sah Tillmann bedeutungsvoll an. „Ich hoffe, du legst dich ordentlich ins Zeug. Das gibt's nicht oft, dass eine Frau so offen sagt, womit man sie glücklich machen kann."

Verstört schaute Tillmann in die Runde. „Es gibt doch im

Leben wichtigere Dinge als Weihnachten. Und die Tiefe der Zuneigung lässt sich am wenigsten dadurch messen, wie viel einer für ein Weihnachtsgeschenk investiert."

„Aber es bleibt schnell sehr wenig von einer Zuneigung übrig, wenn ein Partner die Dinge ignoriert, von denen er weiß, dass sie für den anderen große Bedeutung haben", flüsterte Nele.

„Ich glaub, ich muss heim", sagte Hilde mit einem flüchtigen Blick auf die Uhr, „mein Alfons ist auf Dienstreise, und der Babysitter hat nur Zeit bis elf."

„Könntest du mich bitte im Wagen mitnehmen?", bat Dorle, legte einen Geldschein auf den Tisch und schlüpfte in ihren Mantel.

„Na toll", schimpfte Nele, als die beiden außer Hörweite waren. „Das hast du ja super hingekriegt."

„Wieso ich? Du hast doch wieder mit dem Thema angefangen, obwohl du weißt, dass ich das nicht will."

„Na klar, jetzt bin ich wieder schuld." Ihre Stimme zitterte. „Was ist bloß aus uns geworden? Wie können wir uns wegen so einer Lappalie derart in die Haare kriegen?"

„Gut, dass du es einsiehst. Weihnachten ist eine Lappalie."

„Bitte glaub mir, dass die Einladung zu meinen Eltern nichts weiter ist als eine gesellige Familienrunde. Das ist kein verdammter Verlobungstermin oder was immer du dir zusammenreimst. Ich erwarte da keinen Ring von dir. Wir feiern ganz einfach Weihnachten wie Millionen anderer Familien auch."

Sie hatte sich in Rage geredet. Ihre Backen glühten.

„Allerdings ein kleines Geschenk möchte ich schon", setzte sie leise hinzu.

Er kaute auf seiner Unterlippe. „Ich mach dir einen Vorschlag. Du bekommst von mir ein ganzes Jahr lang jeden Tag ein Geschenk. Nur nicht an diesem einen Tag. Den überspringen wir einfach."

„Was soll das denn für ein Unfug sein?", fragte Nele verwirrt. „Du wirst doch in der Lage sein, mir die eine kleine Freude zu machen. Der Termin bei meinen Eltern steht. Bis dahin brauchen wir darüber kein Wort mehr zu verlieren."

Tillmann war lange still und starrte in sein Weinglas. „Du solltest bei der Feier bei deinen Eltern nicht mit mir rechnen."

Sie seufzte. „Das werden wir dann schon sehen, Tillmann Wyssborn. Zur Not schleppe ich dich gefesselt und geknebelt zu der Feier mit."

4

In den nächsten Wochen vermieden beide, das Thema *Weihnachten* noch einmal zur Sprache zu bringen. Beide hatten in ihren Jobs eine Menge um die Ohren und sahen sich nur selten. Aber wenn sie einmal Zeit füreinander fanden, dann genossen sie jede Minute. Theater, Kino, Ausflüge mit gemeinsamen Freunden. Nele konnte gar nicht verstehen, wie es zu dem unsinnigen Streit hatte kommen können.

Um ihm zu beweisen, wie wichtig ihr das gemeinsame Weihnachtsfest war, wollte sie ihn bei diesem Fest mit einem ganz außergewöhnlichen Geschenk überraschen. Als sie ihn das erste Mal in seiner Wohnung besucht hatte, hatte er ihr von einer alten Jugendstillampe berichtet, die er von seiner Großmutter geerbt hatte. Leider hatte dieses Schmuckstück einen seiner unzähligen Umzüge nicht überstanden. Verblieben war nur ein Bild von der Lampe, das gerahmt an der Wand seines Wohnzimmers hing.

Jede freie Minute verbrachte Nele damit, im Internet zu forschen, die Kataloge von Antiquitätenhändlern zu durchforsten, über Flohmärkte zu streifen. Schließlich stöberte sie tatsächlich in einem verstaubten Trödelladen eine Lampe auf, die der von Tills Oma wie ein Ei dem anderen glich. Nach kurzem Feilschen wurde sie mit dem Ladeninhaber handelseinig und trug das Geschenk voll heimlicher Vorfreude heim. Natürlich war der Preis von 400 Euro über ihre Verhältnisse gegangen, aber das war ihr Tillmann wert.

Sie verpackte die Lampe in einem Umzugskarton, hüllte diesen in rosarotes Geschenkpapier und schlang eine überdimensionale Glanzschleife drumherum.

5

Um vier Uhr am Nachmittag des Heiligabend kreuzte Nele bei ihren Eltern auf. Hier ging es bereits hoch her. Ihre Geschwister waren da mit Kind und Kegel. Onkel Hans und Tante Daniele hatten den langen Weg von Burgund auf sich genommen und Onkel Rüdiger war aus Los Angeles angereist.

Als dann mit einer Stunde Verspätung auch noch Edeltraud aus Hamburg eintraf, war Nele selig, endlich wieder ihre Lieben um sich versammelt zu haben. Da gab es unzählige Neuigkeiten zu berichten und zu erfahren. Onkel Rüdiger hatte von seiner Firma die Rückkehr nach Deutschland in Aussicht gestellt bekommen. Bruder Raimund hatte einen Kaufvertrag für ein Haus am Stadtrand unterschrieben. Schwester Katja platzte mit der Nachricht heraus, dass sie endlich schwanger sei. Die Zeit verflog wie im Nu. Erst als alle beim Abendessen saßen, fand Edeltraud, die wie immer ihren Platz neben Nele gewählt hatte, Gelegenheit, diskret nach Tillmann zu fragen.

Nele seufzte. „Er ist nicht gekommen. Ich kann es nicht fassen, dass er seine Drohung wahr gemacht hat."

„Ihr habt euch gestritten?", wollte die Cousine wissen.

„Gestritten würde ich es nicht nennen. Nicht in den letzten Wochen."

„Also habt ihr gestritten?"

„Zum letzten Mal Ende November. Seitdem hab ich das Thema gemieden wie der Teufel das Weihwasser. Wollte ihm nicht auf den Geist gehen. Hab mir eingebildet, wenn wir uns nicht wieder in die Haare kriegen, dann sieht er ein, wie kindisch seine Haltung gewesen ist."

„Und jetzt?", fragte Edeltraud.

Nele zuckte hilflos mit den Schultern. Vorsichtig schaute sie in die Runde. „Bitte sei so lieb und sprich nicht darüber. Es wäre mir arg, wenn ich dieser neugierigen Meute in einer Sache Rede und Antwort stehen müsste, von der ich selber gerne wüsste, was sie zu bedeuten hat."

Edeltraud machte vor ihren Lippen die Geste des Schlüsselumdrehens. „Ich werde schweigen wie eine Urnengruft."

„Vielleicht regen wir uns unnötig auf und er kommt doch noch", tröstete Nele. Als wollte sie sich selber überzeugen, fügte sie hinzu: „Bestimmt musste er zuerst bei seinen eigenen Eltern vorbeischauen. In der ganzen Aufregung habe ich ihn nie gefragt, wie in seiner Familie gefeiert wird."

Die Cousine strich ihr behutsam über die Schulter. „So wird es sein. Auf einmal klingelt es Sturm und dein strahlender Held steht vor der Tür und begehrt Einlass."

Als sie später gemeinsam das schmutzige Geschirr in die Küche trugen, fragte Neles Mutter beiläufig: „Wann kommt denn jetzt dein Tillmann? Wir sind schon so neugierig."

„Muss erst noch bei seinen eigenen Eltern ...", wich Nele aus. „Er konnte selber nicht genau sagen, wie lang das dauern würde."

Auch als ihre Schwester und später der Onkel aus Kalifornien Fragen nach dem geheimnisvollen Freund stellten, verwies Nele darauf, dass er seine Eltern an so einem Tag natürlich nicht im Stich lassen konnte, dass er aber bestimmt rechtzeitig kommen werde, um alle noch gebührend zu begrüßen.

Während der Bescherung kreisten Neles Gedanken ohne Unterlass um Till. Sie ertappte sich dabei, dass sie immer häufiger nach der großen Standuhr im Wohnzimmer schielte. Die junge Frau verspürte, wie sich Verärgerung und Sorge die Waage hielten. Im Grunde hatte sie es nie für möglich gehalten, dass er tatsächlich fern bleiben würde. Mehrmals zog sie sich in eine stille Ecke zurück und versuchte, Till telefonisch zu erreichen. Weder am Handy noch an dem Apparat in seiner Wohnung hatte sie Erfolg.

Um zehn verabschiedeten sich die ersten Gäste. Nele half der Mutter beim Zusammenräumen. Inzwischen hatte sie handfeste Angst, dem Freund sei etwas zugestoßen.

„Wie geht es weiter?“, fragte Edeltraud einfühlsam.

„Ich werde ihn suchen gehen. Der kann sich auf ein Donnerwetter gefasst machen.“

6

Als sie im Auto saß, probierte sie es noch einmal telefonisch. Vergebens. Auf Google forschte sie nach der Nummer seiner Eltern. Zum Glück gab es nicht viele Wyssborns in der Stadt. Außer Tillmann war da noch ein Eduard, Rüdesheimer Platz 12. Vom nahen Turm der St. Bonifatius-Kirche schlug es halb elf, als Nele auf den Klingelknopf in der kastenförmigen Mietskaserne drückte. Lange Zeit tat sich gar nichts. Sie wollte schon wieder gehen, da tönte eine ungehaltene Stimme durch die Sprechanlage. „Was ist?“

„Entschuldigen Sie bitte die späte Störung“, flötete sie, „ich bin auf der Suche nach Tillmann Wyssborn.“ Sie machte eine Pause in der Hoffnung, der andere würde mit diesem Namen etwas anfangen können.

„Kommen Sie rauf!“ Gleichzeitig summte der Türöffner.

Der Mann wartete im zweiten Stock im Treppenhaus. Er war unrasiert, hatte breite Schultern und einen Bierbauch. Er war barfuß, trug eine speckige Cordhose und ein Unterhemd.

„Was wollen Sie von Till?“, fragte er unwirsch.

„Ich war mit ihm für heute Abend verabredet. Als er nicht kam, machte ich mir Sorgen. Da dachte ich, er hat vielleicht mit seinen Eltern Weihnachten gefeiert.“

„Edi, komm wieder ins Bett!“, tönte aus dem Inneren der Wohnung eine Frauenstimme.

„Ich habe Till seit Jahren nicht gesehen. Wenn es nach mir geht, bleibt das auch so. Sagen Sie ihm das.“ Er drehte sich um und schlug ihr die Tür vor der Nase zu.

Benommen wankte sie die Treppe hinunter. Wie naiv war sie gewesen. Hatte sich nach wenigen Monaten eingebildet, sie würde den Freund durch und durch kennen. Und jetzt zeigte sich, dass sie gar nichts wusste über ihn.

Weil ihr nichts Besseres einfiel, fuhr sie zu seiner Wohnung. Vielleicht ging er ja nur nicht ans Telefon.

Die Haustür war nicht verschlossen. Wieder stieg sie durch ein fremdes Treppenhaus nach oben. Sie klingelte. Erst zaghaft, dann lange und durchdringend. Nichts rührte sich in der Wohnung.

Dafür tat sich die Tür der Nachbarwohnung auf. Ein alter Mann in einem braunen Morgenmantel blickte sie durch eine Brille aus Panzerglas argwöhnisch an.

„Das Jungchen ist nicht da“, krächzte er mit brüchiger Stimme. „Heut ist doch Weihnachten.“

„Ich weiß, dass Weihnachten ist. Deshalb suche ich ihn ja.“ Nele war sich bewusst, dass weder im Satz des Alten noch in ihrer eigenen Antwort die geringste Logik steckte.

„An Weihnachten geht das Jungchen auf Tauchstation", kicherte der Alte. „Kann ich ihm nicht verdenken."

„Wissen Sie vielleicht, wo er dann hingeht?"

„Das ganze Programm kenn ich nicht. Aber irgendwann landet er im *Seelenheim*. Da hab ich selber schon einen mit ihm gehoben."

„*Seelenheim*?", fragte sie zaghaft.

„Kennt keine Sau. Eine Kneipe in der Sigismund-Rüftel-Straße. Vis-à-vis vom Steueramt."

„Vielen Dank", sagte sie, „und frohe Weihnachten."

„Dir auch, Kind. Und wenn du das Jungchen siehst, sag ihm, wir müssen unsere Schachpartie noch zu Ende spielen."

„Das mach ich."

7

Bestimmt war Nele schon hundert Mal an dem Gebäude vorbeigekommen, doch auf die Idee, dass eine Kneipe darin verborgen sein könnte, wäre sie nie gekommen. Der Eingang war unscheinbar. Ein verwittertes Blechschild mit der Aufschrift „Seelenheim" hing schief über einer Holztür. Die junge Frau gelangte in einen Windfang und von da in einen langgezogenen Gastraum. Eine Bartheke auf der linken Seite, ein Dutzend kleiner Tischchen gegenüber, das war die ganze Einrichtung. An den Wänden hingen Tausende von Postkarten.

Für die vorgerückte Stunde war das Lokal gut besucht. Das Publikum war bunt gemischt, von Punk bis Abendanzug war alles vertreten. Eine Wurlitzer-Musikbox spielte einen Schlager aus den Fünfzigerjahren. Zwei Mädchen im Petticoat tanzten Twist.

Von Tillmann gab es keine Spur.

Weil Nele keine Idee hatte, wo sie sonst noch suchen sollte, zog sie ihren Mantel aus und kletterte in der Mitte der Bar auf einen Barhocker.

Hinter dem Tresen spülte ein langaufgeschossener Mann von unbestimmbarem Alter Gläser. Er trug einen ölverschmierten Mechanikeranzug, schulterlange Haare und einen wuchernden Backenbart. Ohne von dem neuen Gast Notiz zu nehmen, füllte er zwei Kasten Weißbierflaschen in den Kühlschrank und mache sich dann daran, die chromglänzende Espressomaschine mit einem Lappen zu polieren.

„Frohe Weihnachten!", sagte Nele, um den anderen auf sich aufmerksam zu machen.

„Pscht!" Der Lange legte den Finger auf die Lippen. Verstohlen warf er einen schnellen Blick durch den Raum. „Solches Vokabular ist hier tabu."

„Was für ein Vokabular?"

„Du hast das W-Wort verwendet, Schwester. Das kann dich hier Kopf und Kragen kosten."

„Sie meinen, man dürfe hier nicht von Weihnach..."

„Hrrrrpschttt!" fuhr er ihr ins Wort. „Bloß nicht!"

„Ich fürchte, ich kann nicht folgen."

Der Lange kam einen Schritt näher und beugte sich weit über den Tresen. Im Flüsterton erklärte er: „In dieser Kneipe gibt es kein Weihnachten. All diese Menschen sind heute genau aus diesem Grund hierher gekommen. Andere Zeitzone. An diesem Ort ist Fasching oder Kirchweih oder von mir aus der Tag des Schneemanns."

Sie schaute ihn mit offenem Mund an. „Sowas gibt es?"

Er nickte und machte sich wieder über seine Espressomaschine her.

„Willst du was trinken, Schwester?"

„Haben Sie Tee?"

„Schwarz, Grün, Roibusch, Früchte?"

„Am liebsten Früchtetee."

Sie wartete, bis er die dampfende Tasse mit dem Teesieb vor sie hinstellte.

„Darf ich noch was fragen?"

„Bitte ..."

„Kennen Sie den Tillmann Wyssborn?"

Er kniff das eine Auge zu und blickte ihr mit dem anderen forschend ins Gesicht.

„Groß, schlaksig", ergänzte sie, „30 Jahre alt, dunkelblond. Hat eine kleine Narbe über dem linken Auge und ..."

Der Barmann winkte ab. „Ich kenn den Till. Seit vielen Jahren. Was willst du von ihm?"

„Ist er auch ... einer von denen, die hierher kommen, weil sie ein Problem mit dem Fest haben?"

„Was willst du von ihm?", wiederholte er seine Frage.

„Wir waren verabredet, heute. Das heißt, ich hatte gedacht, dass wir das wären. Ich wollte ihn meiner Familie vorstellen. Aber er ist nicht gekommen. Hat nicht abgesagt. Ist nirgends zu erreichen. Ich mache mir Sorgen."

„An diesem Tag ist er nie zu erreichen. Für niemanden."

Nele schaute den Mann wortlos an. Wieso kapierte dieses lange Elend nicht, dass sie endlich verstehen wollte, was mit Tillmann los war. Oder mit ihr. Oder mit ihnen allen beiden. Was war verkehrt daran, einen geliebten Menschen an diesem Tag gerne bei sich zu haben?

Ein kahlköpfiger Mann an einem Tisch nahe der Tür machte dem Langen ein Zeichen. Der füllte drei Gläser mit Weißbier und brachte sie dem Kahlen und seinen Begleitern.

8

Wieder machte er sich an der Espressomaschine zu schaffen. Ganz leise, als spreche er nur zu sich selbst und zu niemandem sonst, begann er, zu erzählen. „Vor 13 Jahren kam er zum ersten Mal in mein Lokal. War ein grünes Bürschchen damals und hatte doch Augen im Schädel wie ein steinalter Greis. Am hintersten Hocker hat er Platz genommen. Hat den ganzen Abend kein Wort geredet und mehr getrunken, als ihm gut getan hat. Hat mir eine Taschenuhr dagelassen. Hat sie einfach auf den Tresen gelegt, dazu das Geld für die Zeche, und ist zur Tür hinaus.

Ein Jahr lang hab ich nichts von ihm gehört und gesehen. Aber pünktlich an Heiligabend ist er wieder dagesessen. An seinem dritten Weihnachtsabend in meinem Lokal hat er zum ersten Mal den Mund aufgemacht. Und hat nicht mehr aufgehört zu reden. Wie ein Durchfall war das, als müsste er all die quälenden Gedanken auf einmal loswerden.

Er war ein Einzelkind. Als er sechs Jahre alt war, haben

sich seine Eltern scheiden lassen. Hätte er vermutlich ganz gut verwunden, wenn die Sache mit den verdammten Weihnachtsfesten nicht gewesen wäre."

Der Barmann unterbrach seine Rede und füllte zwei bauchige Gläser je zur Hälfte mit Weißwein und Sprudel. Ein Mädchen vom anderen Ende der Bar hatte diese Bestellung aufgegeben, ohne dass es Nele bemerkt hatte.

Ein paar Tische weiter erhoben sich vier junge Burschen und schlupften in ihre Anoraks. Der Lange ging um den Tresen herum, um ihr Geschirr einzusammeln und das Geld, das sie auf den Tisch gelegt hatten.

„Wenn die Sache mit den verdammten Weihnachtsfesten nicht gewesen wäre ...", erinnerte Nele an den Stand seiner Erzählung, als er wieder hinter der Theke stand.

„Ja, richtig. Anfangs haben die Eltern noch versucht, dem Kind zu Weihnachten eine heile Welt vorzuspielen. Haben sich zur Bescherung getroffen im trauten Dreierkreis der Familie. Der Bub schöpfte Hoffnung. Meinte, die Eltern würden sich wieder vertragen. Taten sie aber nicht. Beide waren mit einem abgrundtiefen Hass angefüllt. Haben sich nur gestritten und gegenseitig fertig gemacht. Im ersten Jahr haben sie sich angeschrien, bei den späteren Weihnachtsfesten sind sie handgreiflich geworden. Einmal musste Tills nagelneuer Baukasten dran glauben, als der Vater die Mutter in den Christbaum warf. Ein anderes Mal verwendete die Mutter den Tretroller des Jungen dazu, dem Vater einen neuen Scheitel zu ziehen. Für Till waren das schreckliche Erlebnisse, die sich tief in seine Seele eingruben. Wenn sich im Advent die anderen Kinder auf das Fest freuten und die verbleibenden Tage mit dem Adventskalender abzählten, wuchs bei Till von Tag zu Tag die Angst.

Später haben sie dann getrennt gefeiert. Der Vater hatte die fixe Idee, dem Kleinen zu beweisen, dass er der Gute von den beiden war. Also kochte er zum Fest groß auf, stand stundenlang in der Küche, um den Bub zu verwöhnen. Die Mutter hatte Wind davon bekommen und setzte allen Ehrgeiz daran, dem Vater die Freude gehörig zu vermasseln. Zwei Stunden, bevor sie Till bei seinem Vater abgeben sollte, schleppte sie ihn zum McDonalds, wo sie ihn vollstopfte mit Hamburgern und Pommes Frites, mit Milchshakes und Eisbechern, bis sie sicher war, dass der Bub beim Vater keinen Bissen mehr runterbringen würde. Der Vater war sauer und ließ seine Wut an Tillmann aus. Er zwang den Jungen, seinen Teller bis zum letzten Bissen aufzuessen, und wenn der sich übergeben musste, dann setzte es obendrein eine Tracht Prügel. Meist war der Junge bis nach den Feiertagen krank.

Mit den Geschenken haben die Eltern versucht, sich gegenseitig zu übertrumpfen. Der Bub bekam sehr schnell heraus, dass sie mit ihren überschwänglichen Gaben nicht ihm was Gutes tun wollten, sondern sich gegenseitig etwas Schlechtes.

Als Till dreizehn Jahre alt war, ist er das erste Mal an Weihnachten von zuhause weggelaufen. Ohne Plan und Ziel. Ist mit dem Bus zum Bahnhof gefahren und in den nächstbesten Zug gestiegen. 100 Kilometer weiter griff ihn die Bahnpolizei auf und brachte ihn in die Bahnhofsmission. Obwohl er am nächsten Tag von seiner Mutter eine gehörige Abreibung bekam, ist das sein schönstes Weihnachtsfest gewesen.

Mit 15 versuchte es noch einmal. Diesmal hatte er sich besser vorbereitet. Er kam bis nach Paris und hätte vielleicht auch durchgehalten, wenn nicht diese eitrige Zahnentzündung gewesen wäre. Die Leute in der Zahnklinik haben ihn den Behörden übergeben.

Im Jahr drauf hatte sich der Vater erneut in Unkosten gestürzt, um die Mutter zu übertrumpfen. Als Till jede Begeisterung vermissen ließ, war die neue Lebensgefährtin des Vaters ausgerastet und hatte Till eine Ohrfeige verpasst, bei der ihre sämtlichen Finger noch nach Tagen auf seiner Backe zu sehen waren. In derselben Nacht versuchte Tills Mutter, die Freundin des Vaters mit einem Küchenmesser abzustechen. Zum Glück gelang es dem Vater, sie zu entwaffnen und aus der Wohnung zu werfen.

Das war das letzte Mal, dass Till Weihnachten gefeiert hat. Ein Jahr später saß er am 24.12. hier am Tresen und ließ mir die Uhr da, die ihm sein Vater als Geschenk geschickt hatte."

9

Eine Gruppe weißhaariger Männer verlangte nach frischem Bier. Während sich der Lange mit einem vollen Tablett auf den Weg machte, rührte Nele in ihrem kalten Tee.

„Ich glaub, ich brauch jetzt was Handfestes", sagte sie, als der Barmann zurück war.

Wortlos griff er nach einer Flasche Cognac und goss ihr einen ordentlichen Schluck in einen bauchigen Schwenker.

„Geht aufs Haus!"

Sie griff nach dem Glas und leerte es auf einen Zug.

„Auch so eine Truppe", lachte er und zeigte auf die Männerrunde, die er gerade bedient hatte. „Der mit dem roten Troyer lebt seit 10 Jahren im Altenheim. Und seit dieser Zeit haben ihn seine Kinder und Enkel nicht ein einziges Mal an Weihnachten besucht. Also hat er über ein Alternativprogramm nachgedacht und hat das hier in der Kneipe gefunden. Die anderen sind seine Kollegen aus dem Heim, die sich ihm nach und nach angeschlossen haben.

Zwei Tische weiter, der kräftige Bursche mit der hohen Stirn, das ist ihr Pfleger, der aufpasst, dass die alten Knaben, wenn sie genug intus haben, brav wieder nach Hause finden. Er meldet sich Jahr um Jahr freiwillig für den Job. Er sagt, das ist die einzige Möglichkeit, wie er seiner Schwiegermutter entkommt.

Oder der Blonde da drüben. Ist seit sechs Jahren mit seiner Freundin zusammen, einer aparten, zehn Jahre älteren Frau. Und diese feine Dame hat es in der ganzen Zeit noch nicht geschafft, ihren Teenagertöchtern beizubringen, dass sie einen jüngeren Freund hat. Feiert Weihnachten allein mit ihren Kindern, obwohl sie weiß, dass er niemanden sonst hat in der Stadt. Meint wohl, als KFZ-Mechaniker sei er unter ihrem Niveau. Fürs Bett ist er ihr aber gut genug.

Die beiden Mädchen im Petticoat, zwei Schwestern. Jedes Jahr pünktlich zu Weihnachten hat die Mutter den Vater vor die Tür gesetzt. Das hat ihnen irgendwie die Lust auf das Fest vermiest.

Jeder einzelne hier herinnen hat eine Geschichte. Ich kenne nicht alle Geschichten, aber das, was ich weiß, treibt mich an, den Leutchen einen Rückzugsort zu bewahren." Er holte eine Flasche Cola aus dem Kühlschrank und schüttete den Inhalt der Flasche in seinen Schlund. „Entschuldige", lachte er verlegen, „so viel wie heute rede ich sonst nicht in einem Jahr."

„Und Sie?", fragte Nele. „Warum feiern Sie nicht Weihnachten?"

„Tu ich doch. Ich feier Weihnachten im August. Weil ich im Dezember keine Zeit habe."

Nele drehte sich auf ihrem Hocker um und betrachte die Gäste, jeden einzelnen. Sie stellte sich Till vor, wie er mit dem blonden Mechaniker Witze austauscht, mit den Petticoat-Schwestern einen Boogie tanzt, wie er mit der Altenheim-Clique eine Runde Bier trinkt, dem Pfleger danach auch eins spendiert. Und wie er dann an der Bar sitzt, hier gerade auf ihrem Hocker, und dem Barmann ohne ein Wort zu sagen dafür dankt, dass es ihn und sein Lokal gibt. Sie stand auf, griff nach ihrem Mantel und schlüpfte hinein.

Der Lange schaute wieder wie unbeteiligt in eine ganz andere Richtung, als er sagte: „Meist rennt er anschließend stundenlang durch die Stadt bis zum nördlichen Industriegebiet oder nach Osten zu den Baldighügeln hinaus. Da sitzt er dann im Dunkeln auf einer Bank und versucht, zu sich selber zu finden."

„Danke." Nele legte einen Geldschein auf den Tresen.

„Danke für alles!"

10

Vom Ausflügler-Parkplatz bis zu den Baldighügeln waren es noch fünfzehn Gehminuten.

Schon von weitem konnte sie die dunkle Silhouette auf der Bank ausmachen, die sich gegen den Lichtschein abhob, der von der Stadt heraufreichte. Längst musste Till ihre Schritte gehört haben, aber er blickte sich nicht um.

Wortlos nahm sie neben ihm Platz und legte ihre Hand in die seine. Unendlich lange drei Minuten musste sie warten, dann schlangen sich seine Arme um sie und drückten sie, dass ihr schier die Luft wegblieb.

Die Wolken rissen auf und gaben den Blick frei auf unzählige glänzende Sterne.

Der Tabakskrieg von Hengertskofen

1

Hengertskofen an der Alz. Kirche, Wirtshaus, Supermarkt, Tankstelle. Jedes Mal, wenn Ulli Egger von einem Besuch bei ihrer Schwester aus München zurückkam, dankte sie ihrem Schöpfer für die Beschaulichkeit ihres Heimatortes. Hier gingen die Uhren langsamer und das war gut so. Die Dinge hatten ihre Ordnung. Den gemächlichen Lauf des Jahres konnte, wer den Blick für die kleinen Gesten im Leben hatte, in dem winzigen Schaufenster von Anderl Hagenbachers Tabakladen ablesen. Im Februar lagen da ein paar Konfettis und eine Luftschlange, im April fünf bemalte Ostereier, im Juli ein Häufchen Sand und zwei Muscheln, im Oktober eine Handvoll Kastanien und etwas buntes Laub und im Dezember zwei Tannenzweige und drei goldene Walnüsse. Unaufdringlich deutete Anderl sein Anliegen an, den Weg der Kundschaft durch den Jahreslauf zu begleiten.

Im Supermarkt türmten sich schon Anfang September die Lebkuchen und Schokoladennikoläuse. In Else Rauhreithers Frisiersalon wimmelten spätestens im Oktober Engel und Weihnachtsmänner in allen Regalen. Sogar Sepp Lohbichler, der Wirt vom *Goldenen Adler*, stellte Nordmanntannen mit riesigen Christbaumkugeln in seinen Gaststuben auf.

„Als ob die Menschen deshalb mehr kaufen würden", lachte Anderl Hagenbacher, als Ulli Egger Anfang November wie jeden Monat eine Dose Old-Dublin Pfeifentabak für ihren Schwiegervater kaufte.

„Du hast gut lachen. Dir macht hier keiner Konkurrenz“, gab Else Rauhreither dem Tabakmann zu bedenken, während sie ihren Lottoschein ausfüllte. „Wenn ich in meinem Frisiersalon nicht aufs Blech haue, lassen die Leute die lange Melissa aus Brumbach mit ihrer mobilen Haarschneidestation kommen. Waschen, Schneiden, Legen zum halben Preis. Die muss keine Ladenmiete hinlegen und nichts fürs Personal.“

„Oh, unser Anderl wird Konkurrenz bekommen“, mischte sich Theo Sandhügl ein, als er seine Schachtel *Stuyvesand* und die *Auto-Bild* in Empfang nahm. „Im Landkreisboten schreiben sie, am Bahnhof macht ein Zeitungskiosk auf.“

„Am Samstag in zwei Wochen“, bestätigte Rudi Nafziger und legte das Geld für seine Gletscherprise auf den Tresen.

„Zuagroasde“, meinte Anderl verächtlich. „Wer kauft schon bei Zuagroasdn?“

2

Wie alle anderen im Ort schaute auch Ulli Egger am Eröffnungstag bei Gunnar Larssons Zeitungskiosk vorbei. Der Besitzer, ein blonder Hüne von zwei Meter Länge, verteilte Probepackungen von *Marlboro* und *Nil* an die Erwachsenen, Lutscher und Kaugummi an die Kinder. Er verkaufte Zeitungen und Zeitschriften, Tabak-, Süß- und Schreibwaren, nahm Lotto und Toto an und hatte einen Abholdienst für Paketsendungen. Auf sein Schaufenster hatte er mit einer Schablone drei weiße Sterne gesprüht, darüber hing eine bunte

Lichterkette. Weil sie schon einmal da war, kaufte Ulli drei Rollen Geschenkpapier und einen Tesafilm.

Auf dem Heimweg warf sie einen Blick in Anderls Laden. Der war wie ausgestorben. „Die Neugier halt“, versuchte sie den alten Mann zu trösten. „Wenn jeder gesehen hat, was es zu sehen gibt, werden sie wieder zu den alten Gewohnheiten zurückkehren.“

Als 14 Tage später Schwiegervaters Pfeifentabak fällig war, lenkte Ulli ihre Schritte wie üblich in das Hagenbachersche Geschäft. Im Schaufenster vermisste sie die Nüsse und Tannenzweige. Anderl saß in der hintersten Ecke seines menschenleeren Ladens und starrte vor sich hin. Er war unrasiert, das graue Haar stand nach allen Seiten von seinem gewaltigen Schädel ab. Wortlos legte er den Old-Dublin auf die Ladentheke.

„Läuft nicht so doll?“, fragte sie vorsichtig.

„Beschissen wär noch geprahlt.“ Er lud sich eine mächtige Prise Doppelaroma auf den Handrücken und sog das braune Pulver mit lautem Schniefen in die Nase.

„Wenn du auch deine Glücksnüsse nicht in die Auslage legst.“

„Hast du gesehen, was der Nordische aufgefahren hat? Lichterketten und Leuchtgirlanden und einen grell blinkenden Neonstern. Und er bedient seine Kunden mit einer roten Zipfelmütze auf dem Kopf.“ Der alte Mann zog ein Schnäuztuch vom Format einer Tischdecke aus dem Hosensack und putzte sich geräuschvoll die Nase.

„Ach was“, beschwichtigte Ulli. „Die Leute interessieren sich für alles, was neu ist. Aber das verliert seinen Reiz.“

„Und wenn dem immer noch was Neues einfällt?“

„Dann musst du ihnen auch was bieten, was sie neugierig macht.“

Anderl schaute sie argwöhnisch an und warf seine Stirne in Falten.

3

Für einen Krankenbesuch bei Tante Adelheid brauchte Ulli Egger drei Tage später ein paar Illustrierte. In Anderls Laden fand sie einige dezente Veränderungen vor. Den Türgriff zierte eine rote Glanzschleife. Im Schaufenster standen Krippenfiguren, die Heilige Familie mit Ochs und Esel. Die Ladentheke zierte ein Gesteck mit einer brennenden Kerze, und aus einem altersschwachen Kassettenrekorder tönte es leise *In dulci jubilo*.

„Wird schon“, meinte Hagenbacher gequält. „Der Nordische hat nachgelegt und einen Adventskranz von der Decke hängen. Aber was der kann, kann ich schon lange.“

Am Weg zum Zug nach München konnte sich Ulli von Larssons Bemühungen mit eigenen Augen überzeugen. Aus einer Lichterkette waren drei geworden. Die aufgesprühten Sterne auf der Schaufensterscheibe waren durch eine Gruppe musizierender Engel ersetzt. Quer über die Ladentür war eine riesige Schleife aus rotem Glanzstoff gespannt. Weil Ulli noch Zeit hatte, betrat sie den Laden. Tatsächlich, da hing ein Kranz von der Decke. Und neben der Registrierkasse war ein überdimensionaler Adventskalender aufgestellt. Ein goldfarbenes Kärtchen wies darauf hin, dass an jedem Tag ein Kind ein Türchen aufmachen und die dahinter verborgene Leckerei mitnehmen dürfe. Selbstredend war auch hier für musikalische Untermalung gesorgt. *„Schneeflöckchen, Weißröckchen, jetzt kommst du geschneit …"*

Abends auf dem Heimweg von der Bahn traf Ulli auf Anderl, der sich abmühte, gleichzeitig ein Tannenbäumchen und einen großen Karton zu seinem Laden zu schleppen. „Jetzt geht die Gaudi richtig los", rief er ihr zu. „Da werden die Hengertskofener ihre verschlafenen Glubschaugen aufreißen."

Da sie den gleichen Weg hatte, half Ulli beim Tragen. An seinem Laden angekommen, wies Hagenbacher stolz auf die riesenhafte Glanzschleife, die sich über sein Schaufenster spannte. Die Heilige Familie in der Auslage hatte Zuwachs erhalten, zwei Hirten mit Schafen, dazu die drei Könige mit einem Kamel.

„Wird schon", feixte der alte Tabakverkäufer, „eine rote Zipfelmütze hab ich jetzt ebenfalls."

4

„Habt ihr gehört, der Anderl Hagenbacher hat jetzt auch einen Adventskalender für die Kundschaft", schnatterte Else Rauhreither im Frisiersalon. „Da sind keine mickrigen Schokoladenengel drin, sondern Zigarettenschachteln von Camel und Rothändle."

„Und ein Adventskranz hängt von der Decke“, ergänzte Theo Sandhügl, „einen vollen Meter im Durchmesser.“

„Ich dachte, ein Tannenbäumchen?“, fragte Ulli.

„Tannenbäume hat er zwei“, korrigierte Else. „Die stehen draußen, links und rechts vom Eingang. Die sind über und über mit Zigaretten und Zigarillos behängt.“

„Beim Anderl?“, wunderte sich Ulli.

„Beim Anderl!“, bestätigte Else. „Das halbe Dorf läuft zusammen und begafft seinen Laden wie das achte Weltwunder.“

„Dann sind sie inzwischen auf dem Weg zum neunten Weltwunder“, kicherte Theo Sandhügel. „Der Larsson hat seinen gesamten Kiosk mit Goldfarbe angemalt. Und hat einen vierspännigen Leuchtschlitten auf dem Dach mit Weihnachtsmann und Rentieren. Den Bahnhofsplatz hat er mit Kunstschnee besprüht.“

In den folgenden Tagen jagte eine unglaubliche Nachricht die nächste. Hagenbacher hatte eine Krippenszene aus lebensgroßen Leuchtfiguren in der Gasse vor seinem Laden platziert. Larsson konterte mit einem lebendigen Weihnachtsmann, der an die Passanten Süßwaren und Zeitschriften verschenkte.

Tags drauf richtete ein Kran vor Hagenbachers Laden eine vier Meter hohe Tanne auf.

Dafür präsentierte Larsson einen Adventskalender, in dem man jeden Tag ein einjähriges Zeitschriftenabonnement gewinnen konnte.

Hagenbachers Antwort bestand in einer breiten Glanzschleife, die sich über das ganze Haus hinzog, in dem sein kleiner Laden lag. Und der Neonschlitten auf dem Dach hatte acht Rentiere vorgespannt anstelle von Larssons kümmerlichen vier.

Mit einem Adventskranz auf dem Bahnhofsplatz mit einem Durchmesser von fünf Metern hatte Larsson wieder die Nase vorn. Als Kerzenhalter fungierten vier junge Männer vom Studentendienst, jeder mit einer ein Meter hohen brennenden Kerze.

Längst hatten es die Beamten von der Bauaufsicht und von der Ordnungsstelle des Landratsamts aufgegeben, die beiden Streithähne in ihre Schranken zu weisen.

Anderls nächster Streich war eine Krippe mit lebenden Figuren. Der Gymnastikabteilung des Turnvereins hatte er einen Satz neuer Gymnastikmatten gestiftet. Dafür standen sie ihm als Heilige Familie, Hirten und Könige zur Verfügung. Vom Oberwangerhof hatte er gar einen leibhaftigen Ochsen ausgeliehen. Der Menschenauflauf war immens. Aus den benachbarten Orten kamen Schulklassen zur Besichtigung. Damit auch fremde Besucher den Weg zum Laden fanden, hatte Anderl Lichterketten mit 100-Watt-Birnen in den Zugangsstraßen zu seinem Laden aufgehängt.

Am Bahnhofsplatz gab es neuerdings eine Flutlichtanlage, die jedem Bundesligastadion Ehre gemacht hätte. Quadrophonisch ertönte das Weihnachtsoratorium von Johann Sebastian Bach.

5

Es war der Samstag vor Weihnachten. In seiner Morgensendung hatte BAYERN 3 über den „Tabakskrieg von Hengertskofen“ berichtet, hatte neue Höhepunkte für den heutigen Tag angekündigt. Um siebzehn Uhr waren rings um den Ort alle Wiesen mit Bussen und Privatautos vollgeparkt. Natürlich ließ sich keiner der Einheimischen das Spektakel entgehen. So war auch Ulli Egger auf den Beinen. Die Straßen des Ortes waren ein einziges wogendes Menschenmeer. Entlang der Strecke zwischen den beiden Tabakläden waren unzählige Jahrmarktsbuden aufgebaut. Da wurde Kleidung feilgeboten, Schnitzereien und Töpferwaren, Bratwürste, gebrannte Mandeln und Glühwein.

Vor Larssons Kiosk stand ein gewaltiger knallroter Truck der Firma Marlboro. Junge Mädchen in rot-weißen Uniformen verteilten Probepackungen an die wartende Menge. Vis-à-vis hatte sich ein Fernsehteam mit einer großen Standkamera postiert.

Aber auch Anderl Hagenbacher ließ sich nicht lumpen. Auf der Straße vor seinem Geschäft hatten Mitarbeiter der Firma Lucky Strike aus Zigtausenden von Zigarettenschachteln einen meterhohen Weihnachtsmann errichtet. Auch sie warfen die Produkte ihrer Firma unters Volk. Und auch hier stand ein Ü-Wagen des Fernsehens mit einem Kamerateam bereit.

Jetzt ging ein Raunen durch die Menge. Vom Marktplatz nahte ein prächtiger Schlitten – statt Rentieren waren zehn Wichtelmänner vorgespannt. Darin thronte auf einem Berg von Geschenkpaketen ein Nikolaus wie aus dem Märchenbuch. Eine goldene Bischofsmütze saß stolz auf seinem Haupt, ein langer, schneeweißer Bart fiel ihm bis weit auf die Brust. Vor Larssons Kiosk kam der Schlitten zum Halten. Die Wichtelmänner schwärmten aus, verteilten die Geschenkpakete an die umstehenden Menschen.

Vor seinem Laden wachte Larsson über das Geschehen und grinste über beide Backen wie ein Honigkuchenpferd. Ihm zur Seite standen der Bürgermeister und der Direktor der Raiffeisenbank. Alle drei Männer sonnten sich in der Aufmerksamkeit, die sie von der vielköpfigen Menschenmenge erfuhren. Im Moment schien diese Aufmerksamkeit jedoch nachzulassen. Soeben zog nämlich eine Gruppe Hirten vorbei, die eine Herde Schafe vor sich hertrieben. Die Besucher reckten die Hälse und folgten der blökenden Schar durch das Dorf bis zu Anderls Laden. Auch Ulli Egger sah zu, dass sie sich dort einen Stehplatz erkämpfte. Die Hirten zogen Flöten aus den Taschen und brachten ihrem Förderer ein Ständchen dar. Anderl Hagenbacher befand sich in Gesellschaft des Landrats und des Sparkassenvorstands. Gönnerhaft verteilte er Havannas unter die Hirten, die prompt ein weiteres Lied aufspielten.

Ihre zarte Melodie ging unter in dem Getöse eines Spielmannszugs, der von der Hauptstraße kommend seinen Weg in Richtung Bahnhof nahm. 30 in rote Kapuzenmäntel gekleidete Weihnachtsmänner marschierten in Reih und Glied, während eine Gruppe von Mädchen in Engelskostümen sprang und tanzte. Ulli Egger und all die anderen Besucher ließen Schafe Schafe sein und folgten den Spielleuten zurück zu Larssons Kiosk.

Die Musikanten nahmen in der Mitte des Bahnhofsplatzes Aufstellung. Auf ein Zeichen von Larsson flammten rings um den Platz Dutzende große Scheinwerfer auf und tauchten das ganze Viertel in gleißendes Licht. Vier riesige Kanonen schossen Tonnen von Pfeffernüssen in die Menge. Und als jetzt der Spielmannszug eine Marschversion von *Stille Nacht, heilige Nacht* spielte, brauste begeisterter Beifall auf.

Jäh wurde die Darbietung unterbrochen. Anderl hatte noch nicht alles Pulver verschossen. Laut krachende Feuerwerksböller, Heuler und Luftpfeifer kündigten die nächste Attraktion an. Die Menschen auf dem Bahnhofsplatz wichen zur Seite und machten einem malerischen Festzug Platz. Voraus schritt eine Truppe orientalisch gekleideter Trommler, dicht gefolgt von verschleierten Haremstänzerinnen, Feuerspeiern und Stelzengängern. Auf einem leibhaftigen Elefanten thronten die festlich gewandeten Könige Kaspar, Melchior und Balthasar und grüßten huldvoll die Menge. Den Abschluss bildeten Kamelreiter, die auf großen Plakaten Werbung für die Zigarettenmarke Camel machten.

Mann und Maus, Kind und Kegel und natürlich auch Ulli Egger ließen die Weihnachtsmänner mit ihrer Marschmusik stehen und zogen jubelnd hinter den Kamelen her. Auf dem Platz vor Anderl Hagenbachers Tabakladen beschrieb die ganze Prozession einen Bogen und stellte sich im Halbkreis auf. Fanfarenbläser spielten einen Tusch. Anderl verneigte sich nach allen Seiten und entzündete die Lunte für das große Brillantfeuerwerk. Der Funke an der Zündschnur eilte hinüber zum Oberwangerhof, wo die Pyrotechniker die Startrampen für die Feuerwerksraketen aufgebaut hatten. Die ersten Geschosse stiegen in den Nachthimmel, Goldregen und Funkensterne, Kometen und Feuerräder sausten durch die Luft. Ein vielstimmiges *„Ahhhh"* und *„Ohhhh"* erklang im ganzen Ort. Immer neue Feuerwerkskaskaden fuhren krachend und zischend in die Höhe. Dann kam das große Finale. Wieder stieg ein Schwarm von Raketen auf und malte ein riesiges, weithin leuchtendes Bild an den Nachthimmel. Maria und Josef mit dem Kind in der Krippe, und alle drei hatten dicke Zigarren im Mund.

6

Anfang Februar war Opa Eggers Pfeifentabak fällig. Als Ulli den Laden betrat, schob ihr Anderl Hagenbacher den obligatorischen Old-Dublin über die Ladentheke.

„Am Samstag macht am Bahnhof ein Coffee-Shop auf", bemerkte Theo Sandhügl beiläufig.

„Die haben Espresso und Latte Macchiato und all den Kram", steuerte Rudi Nafziger bei und legte das Geld für seine Gletscherprise auf den Tresen. „Auch Gebäck und belegte Brote. Aber keine Tabakwaren."

„Was ist eigentlich aus dem Schweden geworden, der da mal den Kiosk hatte?", sinnierte Sandhügel.

„Pleite gemacht", grunzte Nafziger ungerührt. „Hat sich

für seine geschäftlichen Experimente das falsche Pflaster ausgesucht."

„Und du?", wollte Else Rauhreither von Anderl wissen, als sie ihm ihren Lottoschein reichte. „Dich muss der Spaß doch auch ein Vermögen gekostet haben."

Anderl kicherte. „Der junge Mann, der für mich den Vertrag mit dem Fernsehsender und der Bunten Illustrierten ausgehandelt hatte, wollte 25 % Provision. Nach Abzug meiner Ausgaben ist noch ein nettes Sümmchen übrig geblieben."

Draußen vor dem winzigen Schaufenster blieb Ulli stehen. Sie zählte zwölf Konfettis, vier rote, fünf gelbe und drei in Blau. Die Luftschlange war violett und orange gestreift.

Der Gürtel

Als Olaf vom Treffen mit dem schwedischen Hauptlieferanten zurückkehrte, hatte die Kantine gerade dicht gemacht. Sein Chef wartete ungeduldig mit neuen Aufgaben. Zudem stand das Telefon keinen Moment still. So blieb nicht einmal Zeit für eine Butterbreze beim Bäcker um die Ecke. Es war schon halb sechs, als er endlich den Bericht vom Vormittagsmeeting in die Maschine tippen konnte. Da platzte seine Ehefrau Paula mit dem Vorschlag eines Kinobesuchs in sein Büro. Seine einzige Bedingung war gewesen, vorher noch schnell einen Happen zu essen.

„Kein Problem“, freute sich Paula, „wir nehmen den Weg über den Weihnachtsmarkt. Da sollten wir dich schon satt bekommen.“

Aber weder die fetttriefenden Bratwürste noch die überzuckerten Lebkuchen waren das, wonach Olaf der Sinn stand. Gern wäre er beim Italiener gegenüber eingekehrt, aber seine bessere Hälfte wollte geschwind einen Blick auf die an den Ständen feilgebotenen Waren riskieren. Holzspielzeug, Modeschmuck, Töpferwaren, mundgeblasenes Glas. Das meiste war unterhaltsam, aber man musste es sich nicht anschaffen.

Paula deutete auf einen Stand mit Ledergürteln. „Sag mal, Olaf, wolltest du nicht ...?“

Er nickte.

„Stimmt, ich brauch einen Gürtel für die neue Jeans."

Mit raschem Blick hatte Olaf das Passende gefunden. Schwarzes, schnörkelloses Leder. Stärke und Länge waren schnell ausgewählt. Schon hielt er das Gewünschte zusammen mit einem Geldschein dem Verkäufer hin. Er steckte das Wechselgeld ein und verstaute die Neuanschaffung in seiner Schultertasche. Der ganze Kaufvorgang hatte nicht mehr als eine Minute in Anspruch genommen.

Sie konnten weiter. Er blickte sich nach Paula um. Da stand sie zwei Meter entfernt und ließ verzückte Blicke über eine Partie aufwändig punzierter Gürtel schweifen. Er trat neben sie. Ein weinrotes Exemplar mit eingestanztem Zopfmuster hatte es ihr angetan. Sie nahm das Teil vom Ständer und hielt es sich vor dem großen Standspiegel des Budenbesitzers um die schlanken Hüften.

„Sehr pfiffig", bemerkte Olaf. „Und gar nicht teuer." Er wusste, dass es wichtig war, Interesse für ihre Kaufüberlegung zu bekunden. Nur so hatte er eine Chance, ihre Entscheidung zu beschleunigen.

Paula drehte sich unschlüssig vor dem Spiegel. Sie hängte den Gürtel zurück und fasste nach einem petrolfarbenen mit eingenähten Muschelstücken. Auch den fand Olaf sehr hübsch. Und das sagte er ihr.

Paula drehte sich zu ihm um und legte die Stirn in strenge Falten. „Was heißt hübsch? Ich kann den Gürtel doch nicht nackt tragen!"

„Natürlich nicht", bestätigte er, obwohl er den Zusammenhang nicht herstellen konnte. „Das verlangt ja auch niemand."

Sie wölbte die Unterlippe vor. „Aber zu was soll ich ihn denn anziehen?“

Olaf hüstelte, um Zeit zu gewinnen. Jetzt galt es, auf der Hut zu sein. Kein Mann auf der Welt konnte verstehen, warum eine Frau mit vier laufenden Metern überquellender Kleiderschränke nichts Passendes zum Anziehen finden sollte. Aber wenn er nicht ganz bescheuert war, ließ er sich sein Unverständnis nicht anmerken. Er musste sich dem Thema behutsam nähern. „Meinst du nicht, er könnte zu dem türkisfarbenen Mohairpullover passen?“

„Nie im Leben! Das ist ein ganz anderer Stil. Du kannst doch nicht Avant Garde mit Folklore kombinieren.“

Selbstverständlich hatte er nicht erwartet, gleich beim ersten Versuch einen Treffer zu landen.

„Und das weinrote Strickkleid? Das hat doch auch allerlei Applikationen.“

„Aber zu dem Kleid hab ich nur die flachen Schuhe mit der Borte.“

Er wartete, ob noch etwas nachkommen würde. Nichts.

„Die Schuhe mit der Borte“, wiederholte er vorsichtig. „Dann ist doch alles in Ordnung.“

Sie blickte ihn an, als habe er behauptet, die Erde sei ein Pfannenkuchen. „Nichts ist in Ordnung. Oder willst du Tarantella mit Karibik kreuzen?“

„Nein, natürlich. Entschuldige, Schatz, das habe ich nicht bedacht“, beeilte er sich zu sagen. Fieberhaft versuchte er, den Inhalt ihrer Kleiderschränke vor seinem geistigen Auge vorbeiziehen zu lassen. „Hast du nicht diese dreiviertellange

Strickweste in Beige? Dazu könnte ich mir diesen Gürtel sehr schön vorstellen."

„Erstens ist die nicht dreiviertellang, sondern das ist Midi. Zweitens ist das nicht Beige, sondern Sand. Und überhaupt passt die Jacke zu keiner einzigen meiner Handtaschen. Soll ich vielleicht Lippenstift, Tempos und Schlüsselbund in der Hand tragen?"

Er verkniff sich die Bemerkung, dass sie dann noch 37 weitere Utensilien in der Hand zu tragen hätte und versuchte es anders. „Muss es ausgerechnet dieser Gürtel sein? Es gibt hier so eine Riesenauswahl. Vielleicht findest du einen, der besser zu deiner Handtasche passt." *Zu einer deiner unzähligen Handtaschen*, hätte er am liebsten hinzugefügt, aber das wäre der Beschleunigung des Kaufprozesses nicht förderlich gewesen.

Paula schlenderte zum nächsten Ständer und begutachtete ihn von allen Seiten. Aus der Entfernung schaute er ihr zu, während sein Magen bedrohlich knurrte.

Drei Minuten ließ er ihr Zeit. Dann stand er wieder neben ihr. „Und? Was Nettes gefunden?"

Sie nickte geistesabwesend, während sie zwei reichbestickte Gürtel nebeneinander ins Licht hielt, das vom Inneren des Standes herüberdrang.

„Einer von den beiden?", fragte Olaf. Wenn es darum ging, zwischen zwei passenden Objekten das passendere zu finden, waren sie vielleicht schon auf der Zielgeraden.

„Von denen? Keiner."

„Oh? Ich dachte ..."

„Da drüben, der gefächerte Gürtel mit den Fransen", sie deutete vage ins Gewirr der vollbehängten Ständer, „der passt haargenau zu meiner auberginefarbenen Handtasche, die wir damals in Perugia gekauft haben. Und gleich daneben der schmale in Altrosa dürfte mit der Tasche harmonieren, die ich von Tante Gundula vor drei Jahren zum Geburtstag bekommen habe."

Er wartete einen Moment. Als sie nicht fortfuhr, seufzte er leise und versuchte seiner Stimme einen möglichst fröhlichen Tonfall zu geben. „Und wo ist der Haken?"

„Du fragst, wo der Haken ist? Jede dieser beiden Handtaschen trage ich zu einem ganz bestimmten Kleid. Und jedes dieser beiden Kleider wird kombiniert mit diversen Accessoires, mit Ohrringen, einem Seidenschal, einer Brosche. Dummerweise beißen sich diese beiden Gürtel sowohl mit den Broschen als auch mit den Ohrringen."

Olaf schluckte. „Brauchst du überhaupt einen neuen Gürtel?", fuhr es ihm heraus.

„Ah, daher weht der Wind! Der feine Herr darf sich bedienen und kaufen, was ihm gefällt. Aber bei mir wird auf einmal ans Sparen gedacht."

„Um Himmels willen, nein. So war das nicht gemeint. Ich dachte bloß, wenn du zu keiner Entscheidung kommst ..." Im Moment, als er es aussprach, wusste er, dass es ein Fehler war.

„Das ist wieder typisch Mann. Soll das heißen, nur weil ihr Herren der Schöpfung aufgrund irgendeines genetischen Defekts, wegen fehlender Chromosomen und anderer Unzulänglichkeiten nicht in der Lage seid, eine geschmackvolle und aufeinander abgestimmte Garderobe zusammenzustellen, sollen wir Frauen auch darauf verzichten?"

Olaf biss sich auf die Lippen. Wenn das Ganze jetzt in eine geschlechterspezifische Grundsatzdebatte ausartete, käme er nie zu seinem Abendessen.

In seiner Not suchte er sein Heil in einem Themenwechsel. „Vielleicht kaufst du dir erst einmal einen der beiden Gürtel. Dann können wir zuhause nachsehen, was aus deinem Kleiderschrank damit harmoniert."

„Ich kauf mir doch nicht für teures Geld einen Gürtel, wenn ich bereits vorher weiß, dass sich alle in Frage kommenden Teile damit beißen."

„Sieh mal Schatz", er war an einen weiteren Ständer getreten, „der hier ist ganz schlicht und hat doch das gewisse Etwas. Und er würde hervorragend zu dem Gürtel passen, den ich mir soeben gekauft habe."

Ihr genügte ein flüchtiger Blick. „Siehst du das nicht? Das ist ein sportliches Modell. Das geht nur zu Jeans und Pullover. Für diesen Zweck habe ich aber schon reichlich Gürtel zuhause. Ich suche was Extravagantes, was Verspieltes."

Sein Magen rumorte laut und vernehmlich. Wenn er nicht bald etwas zwischen die Zähne bekam, konnte er für nichts garantieren. Er hatte Unterzucker, Unterkaffee und ein halbes Dutzend anderer Mangelzustände. Ungeduldig trat er von einem Bein aufs andere. Paula war die Ruhe selbst. Soeben war sie an einen weiteren Ständer getreten und hatte einen raffiniert geflochtenen Gürtel mit viel Strass in die Hand genommen. Neue Hoffnung keimte in Olaf auf. „Gefällt mir ausnehmend gut!“, betonte er.

„Ja, schon“, meinte sie ausweichend. „Da hätte ich auch eine Handtasche dazu.“

„Das wird ja immer besser.“ Er strahlte sie an. „Gibt es da nicht diese cyanfarbene Strickkombination?“

Sie schaute ihn belustigt an. „Vergiss es! Zu der Strickkombination gehört die lange Kette mit den Gliedern aus Kunstharz. Zu der passen aber nur die hohen Schuhe mit den Paillettenbesätzen, die sich aber nicht mit der Brosche vereinbaren lassen, die zu der Handtasche funktionieren würde.“

Olaf kämpfte mit einem Schwindelanfall. Er hatte gute Lust, sie mit all ihren Gürtel-, Broschen- und Handtaschenabstimmungsproblemen einfach stehen zu lassen und in einem netten Lokal um die Ecke essen zu gehen. Einzig sein Stolz, nicht wieder vorschnell aufzugeben, hielt ihn davor zurück. Einen letzten Versuch wollte er wagen.

„Hör mal Schatz, wenn du alle Gedanken an Kleider und Kostüme, an Handtaschen und Schuhe beiseite lässt, welcher von all diesen herrlichen Gürteln würde dir dann am allerallerbesten gefallen?“

Paula schloss für einen Moment die Augen, dann drehte sie sich zur Orientierung einmal im Kreis und ging schnurstracks auf den Ständer zu, bei dem sie ganz zu Anfang die Waren begutachtet hatte. Mit einem entschlossenen Griff fasste sie nach dem petrolfarbenen Gürtel mit den Muschelstücken. Olaf wand ihr das gute Teil aus der Hand und reichte es, ohne Paulas Proteste zu beachten, an den Standbesitzer. „89 Euro“, sagte der. Olaf bezahlte und nahm den verpackten Gürtel in Empfang.

„Hier, mein Schatz!“, sagte er sanft. „Und am Wochenende gehen wir in die Stadt und kaufen das passende Kleid dazu, Schuhe, Schal, Handtasche, Halskette, Ohrringe, Brosche und, wenn du willst, auch noch ein geeignetes Bauchnabelpiercing. Und bevor in zehn Minuten das Kino anfängt, lade ich dich zu einer Riesenpackung Popcorn ein.“

Der Club der Detektive

1

Das Blatt ging von Hand zu Hand. Ein Stück kariertes Papier, herausgerissen aus einem Schulheft. Jemand hatte darauf mit Buntstiften ein Wappen gezeichnet, einen giftgrünen Drachen auf rotem Grund. Darunter prangten in Gelb die Buchstaben „CDW". Jeder an der Otto-Lilienthal-Grundschule wusste, wofür diese Buchstaben standen. „Club der Detektive und Weltbeschützer".

„Wo hast du das her?", fragte Lothar voller Ehrfurcht. „Haben sie dich aufgenommen?"

Basti schüttelte den Kopf. „Die nehmen keinen auf. Die Aufnahmeprüfung ist so schwer, dass kein Mensch sie bestehen kann."

„Wie sind dann die dazu gekommen, die heute Mitglieder sind?", warf Cedric ein und blinzelte durch seine Nickelbrille.

„Du Dummi! Die sind natürlich dabei, weil sie den Club selber gegründet haben." Der schwergewichtige Lothar warf dem schmächtigen Cedric einen abschätzigen Blick zu.

„Aber es gibt eine Aufnahmeprüfung", bemerkte Ernstl. „Also kann man es probieren."

„Probiert haben es schon Viele", erklärte Thilo. „Nur geschafft hat es noch keiner."

„Na und? Mehr als durchfallen kann man nicht", meinte Ernstl leichthin.

„Und ob du mehr kannst." Thilo machte eine Geste mit dem Daumen quer über die Gurgel. „Wer nicht besteht, muss den Mitgliedern des Clubs einen Monat lang jeden Dienst erfüllen."

„Ach herrjeh", fuhr es Lothar heraus. „Wenn ich an den fetten Dragomir denke oder an die schwarze Aische, da wird mir angst und bang."

„Mein Vater sagt: *No risk, no fun*", erklärte Ernstl mit wichtiger Miene.

„Und was bedeutet das?", wollte Basti wissen.

Ernstl zuckte mit den Schultern. „Ich glaub, Gefahr macht Spaß. Wahrscheinlich, dass man in der Geisterbahn lachen muss."

2

Ernstl war sich sicher, dass ihm im ganzen Leben Gefahr keinen Spaß machen würde. Mit mulmigen Gefühlen stolperte er hinter den Kameraden her auf dem Weg zwischen den Gräbern des alten Heilig-Geist-Friedhofs. Die Nacht war schnell hereingebrochen. Von den Freunden nahm er nur schemenhafte Umrisse wahr. Die kreuz und quer stehenden Grabsteine ringsherum konnte man kaum erahnen.

Am Portal eines mächtigen Grabmals standen zwei Petroliumfunzeln auf dem Boden. Zwischen den Lampen hatte sich in einem schwarzen Umhang Torsten Täubler aufgebaut, der Präsident des *CDW*. Um ihn waren seine Clubkameraden geschart, Zita, Aische, Dragomir und vier andere. Vor diesen knieten bereits drei Gestalten auf dem nassen, kalten Kies.

Die Neuankömmlinge mussten sich ebenfalls niederknien und die Köpfe in Demut senken. Torsten ergriff das Wort.

„Ihr Wichte wollt also Mitglieder in der ehrenwerten Bruderschaft des CDW werden? Jeder von euch muss in einer Prüfung Klugheit und Unerschrockenheit unter Beweis stellen. Seid ihr erfolgreich, so sollt ihr ab dem Weihnachtstag zu unserer Bruderschaft gehören. Versagt ihr, so müsst ihr einem von uns einen Monat lang zu Diensten sein und ihm jeden Wunsch von den Augen ablesen. Ihr müsst niedere Aufgaben verrichten und alles tun, was sein Leben glücklicher macht. Erkennt ihr die Bedingungen an?“

Die Knienden nickten.

„Unser Schriftwart Dragomir wird jetzt Namen und Alter der Anwärter festhalten.“

Dragomir war groß gewachsen und von gewaltiger Leibesfülle. Im ganzen Viertel war er als einer bekannt, mit dem nicht gut Kirschen essen war. Er trug eine Stirnlampe, die ein Klemmbrett in seiner Hand beleuchtete.

„Du da, wie heißt du?“, fuhr er den Ersten an. Flink hielt er die Daten des Kandidaten fest. „Solltest du versagen, hast du unseren ehrenwerten Präsidenten Torsten zu bedienen. Nächster!“

Es ging Schlag auf Schlag. Einen Namen nach dem anderen trug Dragomir in seine Liste ein.

„Ernstl Raczinsky, 9 Jahre.“ Ernstl versuchte, seiner Stimme festen Halt zu geben, was ihm gründlich misslang. Er hatte im Fall des Scheiterns Aische zu bedienen.

„Cedric Moosbecker, 8 Jahre alt“, brachte Cedric mannhaft hervor.

„Wir brauchen im Club keine Hosenscheißer“, rief Zita mit rauer Stimme aus dem Hintergrund. „8 Jahre. Da gehört er in eine Krabbelgruppe.“

Damit kam sie bei Cedric gerade an den Rechten. „Diese Äußerung ist nicht nur unwahr, sondern in höchstem Maße politisch unkorrekt. Sie verunglimpft das Ansehen aller Achtjährigen weltweit.“

Die Mitglieder des CDW sahen sich unsicher an. „Ach was“, winkte Torsten ab, „das glaubt ihr im Leben nicht, dass der die Aufnahmeprüfung besteht. Schreib den Zwerg auf, damit wir weiter kommen. Wer ist als Nächster dran?“

„Lieserl Raczinsky“, piepste jetzt ein helles Stimmchen, „7 Jahre alt.“

Nicht nur die Clubmitglieder schauten sich verwundert an. Auch Basti und seiner Gruppe blieb vor Verblüffung der Mund offen stehen. Ernstl zog den Kopf zwischen die Schultern und sagte kleinlaut „Tut mir leid. Ich musste sie mitnehmen. Sonst hätte ich nicht mehr weg gedurft.“

Torsten raufte sich die Haare. Dragomir verdrehte die Augen zum Himmel und trug Ernstls kleine Schwester in seine Liste ein. Dann beugte er sich zu dem Mädchen hinunter, bis seine breite Nase fast ihren blonden Haarschopf berührte. „Wenn du versagst, meine kleine Zuckerschnecke, dann wirst du dem lieben Dragomir zu Diensten sein. Und glaub mir, Schätzchen, das wird kein Kakaokränzchen in der Puppenstube.“

Der pummelige Lothar kam als Letzter an die Reihe, ihm

wurde Zita für den Fall des Misslingens zugeteilt. Dann gab Torsten die zu lösende Aufgabe bekannt.

„Heute ist der 17. Dezember. Genau in einer Woche ist Weihnachten. Ich hoffe, ihr habt alle brav eure Wunschzettel für die Englein bereit gelegt. Bestimmt habt ihr schon die Erfahrung gemacht, dass diese Rotzlöffel nicht immer die Geschenke bringen, die man ihnen aufgetragen hat. Was aber wird euch das Christkind tatsächlich bringen? Das herauszufinden ist eure Aufgabe. Wir treffen uns hier in vier Tagen, am 21. Dezember um 7 Uhr abends. Jeder von euch nennt dann die drei wichtigsten Geschenke, die er zu Weihnachten bekommen wird. Wir wollen es ganz genau wissen. Name, Farbe, Marke. Am Weihnachtsabend nach der Bescherung pünktlich um 9 Uhr nachts werdet ihr nachweisen, ob ihr diese Geschenke auch tatsächlich erhalten habt."

3

Bis zur alten Post hatten sie den gleichen Heimweg. Basti hatte die Mütze tief ins Gesicht gezogen und brütete niedergeschlagen vor sich hin. Ernstl plapperte in einer Tour. Er zählte alles auf, was er sich gewünscht hatte. Lothar war überzeugt, dass es seine Eltern nicht wagen würden, seine Wünsche zu übergehen.

Thilo war skeptisch. „Eltern lieben es, ihre Kinder zu überraschen. Da kann man nie vorhersehen, was die sich einfallen lassen."

„Das ist doch gerade der Witz an der Aufgabe", warf Cedric ein. „Wir wollen Detektive werden. Also müssen wir nach

Spuren suchen, Zeugen befragen, Indizien sammeln."

„Was für Indizien?", brummte Lothar unwillig.

„Das kann vielerlei sein", erklärte Cedric, „eine Quittung aus einem Spielwarenladen vielleicht."

„Genau", mischte sich Basti ein, „oder eine Plastiktüte von einem Buchgeschäft."

„Wir müssen die Eltern ins Kreuzverhör nehmen", erklärte Cedric, „müssen sie so lange befragen, bis sie sich in Widersprüche verwickeln."

„Und wir müssen uns auf die Suche nach den Geschenken machen", betonte Basti. „Jede Wohnung hat einen Anfang und ein Ende. Irgendwo dazwischen ist das Zeug."

„Das klingt verdammt kompliziert", murrte Lothar. „Und das in nur vier Tagen!"

„Die Uhr läuft", bestätigte Basti. „Am besten fängt jeder sofort mit den Recherchen an. Morgen in der großen Pause tauschen wir unsere ersten Ergebnisse aus."

4

Sie trafen sich in der Ecke der Pausenhalle.

„Das wird noch ein hartes Stück Arbeit", verkündete Ernstl niedergeschlagen. „Meine Eltern lassen einfach nichts raus."

„Bei uns war es nicht besser", seufzte Basti. „Ich hab beim Frühstück gefragt, ob ich meinen Wunschzettel noch ändern kann. Mein Vater hat lauthals gelacht und gesagt, ändern kann ich ihn, so oft ich will."

„Und was bedeutet das jetzt?", überlegte Thilo.

„Entweder haben sie noch nichts besorgt und können problemlos umplanen“, erklärte Cedric, „oder sie hatten nie vor, dir etwas von deinem Zettel zu schenken.“

„Ich hab meinem Vater heute früh gesagt, ich brauch ein neues Fahrrad. Mit 21 Gängen und Shimano-Bremsen“, verkündete Lothar.

„Und? Bekommst du es?“ Alle sahen Lothar gespannt an.

„Natürlich bekomm ich es.“ Er schien ihre Frage gar nicht zu verstehen.

„So gut möchte ich es auch haben“, seufzte Thilo. „Ich fürchte, es bleibt mir nicht erspart, meine große Schwester einzubinden.“

„Das Luder hilft dir nie im Leben“, erklärte Basti mit Nachdruck.

„Wenn sie die Wahl hätte, natürlich nicht“, gab Thilo zu. „Aber diesmal hat sie keine Wahl. Ich hab sie letzte Woche beim Knutschen mit ihrem Freund erwischt. Ich glaube nicht, dass meine Eltern Freude haben, das zu hören.“

„Du willst sie erpressen?“ Cedric machte große Augen.

„Ein guter Detektiv darf nicht zimperlich sein. Er bewegt sich immer am Rande der Legalität“, verkündete Thilo altklug.

Ernstl stöhnte plötzlich gequält auf. Die anderen folgten seinem Blick zu der kleinen Gestalt, die auf einem Bein quer über den Schulhof gehüpft kam. Lieserl trug einen Überwurf und eine pinkfarbene Mütze mit einem Zipfel dran, der fast bis auf den Boden reichte. Vor den Freunden ihres Bruders blieb sie stehen und schaute alle erwartungsvoll an. „Und? Was muss ich tun?“

„Wie was musst du tun?“, blaffte Lothar sie an.

„Soll ich jemanden verfolgen oder was?“ Ihre Backen glänzten vor Aufregung.

„Du musst den Vorteil ausnutzen, dass du so klein bist“, schlug Lothar vor. „Am besten versteckst du dich in der Einkaufstasche, wenn deine Mutter Geschenke kaufen geht.“

„Wenn das alles ist.“ Sie machte auf dem Absatz kehrt und hüpfte davon wie sie gekommen war. Der Zipfel der Mütze schlenkerte hinter ihr her.

„Du bist wohl wahnsinnig!“ Ernstl packte Lothar am Kragen. „Wie kannst du dem Kind einen solchen Unfug einreden.“

„Ach was“, sagte der Dicke. „Die passt doch in die Einkaufstasche gar nicht rein.“

5

Die Mutter war mit Lieserl bei den Nachbarn zum Basteln. Ernstl saß mit dem Vater allein beim Abendessen und sann fieberhaft darüber nach, wie er ihm Informationen aus der Nase ziehen könnte. Schließlich beschloss er, den Stier bei den Hörnern zu packen. „Wenn ich das iPhone bekomme, will ich nächstes Jahr auch nichts zum Geburtstag. Bekomme ich das iPhone?“

„Wer wird denn so neugierig sein. Dann hast du an Weihnachten keine Überraschung mehr.“ Der Vater grinste. „Außerdem hab ich keinen Dunst, was das Christkind den Engeln für dich mitgibt.“

„Du machst dich über mich lustig.“ Ernstl zog eine beleidigte Miene. „Dann sag mir wenigstens, was das Lieserl bekommen wird.“

„Ich denke, deine Schwester wird zufrieden sein."

„Aber womit wird sie zufrieden sein? Vielleicht kann ich euch Tipps geben, was ihr besonders gefallen würde. Aber dazu müsste ich wissen, was ihr schon besorgt habt."

Jetzt lachte der Vater aus vollem Hals. „Hast du einmal daran gedacht, deiner Schwester selber ein Geschenk zu machen?"

„Die schenkt mir doch auch nichts."

„Einer muss anfangen. Du bist der Größere und bekommst mehr Taschengeld."

Am nächsten Morgen stellte Ernstl der Mutter ganz beiläufig die Frage, ob bei der zu erwartenden Autorennbahn die Doppelloopingkurve bereits enthalten sei oder ob er sich die gesondert von Großmutter Michelsen wünschen sollte.

Die Mutter blickte ihn mit sorgenvoller Miene an. „Was ist dir, Bub? Wenn das mit dem Phantasieren nicht bald besser wird, müssen wir Dr. Bärenthal konsultieren."

Mürrisch verließ Ernstl das Haus.

6

Die Wohnzimmerbeleuchtung in der Wohnung von Bastis Eltern wurde dreimal aus- und wieder eingeschaltet. Das war das Zeichen für die Freunde, die in der Tordurchfahrt auf der gegenüberliegenden Straßenseite warteten.

Sekunden später schlichen vier vermummte Gestalten auf Zehenspitzen durch das dunkle Treppenhaus.

Basti hielt die Wohnungstür im dritten Stock einen Spalt

weit auf, lautlos schlüpfte die Bande in die Wohnung.

„Wie lange haben wir Zeit?“, keuchte Ernstl und wickelte sich den Schal vom Gesicht.

„Meine Eltern sind gerade erst weg“, gab Basti Auskunft. „Der Besuch bei Papas Chef dauert mindestens bis Mitternacht. Das heißt, wir haben volle vier Stunden Zeit.“

„Wollen wir hoffen, dass wir schon vorher was finden“, flüsterte Cedric. Auch er schälte sich aus Mütze, Schal und Mantel.

„Lothar hat natürlich gekniffen“, bemerkte Thilo abfällig. „Hätte mich auch gewundert, wenn der sich an etwas beteiligt, das nicht seinem eigenen Vorteil dient.“

„Aber wer ist dann ...?“ Basti deutete auf die vierte Gestalt.

„Na wer wohl“, stöhnte Ernstl und half seiner Schwester, den rosafarbenen Schal aufzuknoten, den sie sich vors Gesicht gebunden hatte. „Tut mir leid, ich konnte sie nicht zuhause lassen, ohne endlose Diskussionen mit den Eltern zu riskieren.“

Basti zuckte mit den Schultern. „Zehn Augen sehen mehr als acht.“

Er ging zum großen Esstisch, auf dem er einen selbstgemalten Plan der Wohnung ausgebreitet hatte. „Wir haben uns versammelt, um die Wohnung nach Geschenken zu durchsuchen. Wir sind hier im Wohnzimmer.“

Er deutete auf den entsprechenden Raum auf der Karte. „Es ist sehr unwahrscheinlich, dass hier etwas versteckt ist. Das Gleiche gilt für Gang, Bad, Gästeklo und Kinderzimmer. Bleiben das Schlafzimmer der Eltern, die Abstellkammer und Papas Arbeitszimmer.“

„Habt ihr einen Keller oder ein Speichabteil?“, fragte Cedric.

„Ein Kellerabteil. Könntest du dir das vornehmen? Ernstl und Lieserl durchsuchen die Abstellkammer, Thilo und ich das Schlafzimmer. Danach machen wir uns alle zusammen über das Arbeitszimmer her. Gibt es Fragen?“

Alle schüttelten stumm den Kopf.

„Na, das ist ja überschaubar“, grunzte Ernstl nach einem Blick in die enge Kammer. Er wendete sich an seine Schwester. „Da passen wir nicht zu zweit rein, Mücke. Schau bitte in der Küche nach, ob eine Limo im Kühlschrank ist.“

Rasch machte er sich an die Arbeit. Links stand ein Regal mit Schuhen und drei Reihen von Ikea-Kartons. Im Regal daneben waren Konservendosen und Einweckgläser gestapelt. Ein Bügelbrett und ein Staubsauger waren in die Ecke gequetscht. Auf der rechten Seite gab es einen elektrischen Heizofen, Küchengeräte und drei Reisekoffer. Die Koffer nahm er sich als Erstes vor. Sie enthielten Rucksäcke, Schlafsäcke, Luftmatratzen. Von Weihnachtsgeschenken keine Spur.

Als Nächstes hob er die Ikea-Schachteln herunter, warf in jede einen Blick. Da gab es Glühlampen und Werkzeug, Christbaumschmuck und Strickwolle, Reiseprospekte und Stadtpläne. Eine Schachtel in der obersten Reihe fiel ihm aus der Hand, als er sie herunterheben wollte. Ein Schwall von Briefen ergoss sich über ihn. Zerknirscht betrachtete er die Bescherung.

„Limo gab es nicht. Ich hab dir eine Apfelsaftschorle gemacht.“ Lieserl reichte ihm das randvolle Halbliterglas.

Ernstl trank in gierigen Zügen. „Vielen Dank, Mücke."

„Darf ich auch einmal gucken?" Sie zeigte auf den Abstellraum.

„Als Erstes musst du alle Briefe, die heruntergefallen sind, in diese Schachtel einräumen."

„Die riechen aber komisch. Nach Veilchen oder so." Das Mädchen rümpfte die Nase.

„Sei froh, dass sie nicht nach Oma Michelsen riechen. Ich guck mal, was die anderen machen. Ruf mich, wenn du was findest."

Während Lieserl sich mit Feuereifer auf den Inhalt der Abstellkammer stürzte, ging ihr Bruder ins Schlafzimmer. Aus dem offenen Kleiderschrank ertönte ein Grunzen. Da kniete Basti und wühlte zwischen einem Wust von Mänteln, Hosen und Sommerkleidern.

„Hier ist auch nichts!" Die Stimme drang unter dem Doppelbett hervor. Ernstl ging auf die Knie und blickte unter das Bett. Thilo lag der Länge nach auf dem Bauch und untersuchte einen Stapel von Büchern und Zeitschriften.

Neben dem Fenster stand eine Frisierkommode. Ihr Inhalt war über das ganze Bett verstreut. In den Nachtkästen klafften Löcher, wo die Detektive die Schubladen herausgezogen hatten.

Basti kroch aus dem Schrank. „Ernstl, komm mit ins Arbeitszimmer."

Er ging voran und wies mit ausholender Geste auf den Schreibtisch und die Regale voller Aktenordner an den Wänden. „Ich such in den Schubladen und in diesen Hängemappen. Nimm du dir die Ordner vor. Lies einfach, was auf den Trennstreifen steht."

„Und nach was suchen wir?", wollte Ernstl wissen. „Die können ja schlecht eine elektrische Eisenbahn in einem Ordner abgelegt haben."

„Aber sie könnten Rechnungen abgeheftet haben. Oder eine Geschenkliste."

Also zog Ernstl einen Ordner nach dem anderen aus dem Regal und las die Beschriftung der Trennstreifen. Steuer, KFZ-Versicherung, Telefon, Krankenkasse, Rente. Von Rechnungen für eine Modelleisenbahn keine Spur.

„Kann ich helfen?" Lieserl stand in der Tür des Arbeitszimmers und strahlte die Freunde an.

Basti, der mit zunehmender Suche immer nervöser wurde, schüttelte den Kopf. Ernstl bat um ein weiteres Glas Apfelsaftschorle.

„Für mich auch", rief Cedric, der soeben durch den Gang kam.

„Und?", wollte Basti wissen. „Was gefunden?"

„Nur verstaubtes Gerümpel." Cedric nieste laut. „Und bei euch?"

„Nichts Brauchbares", brummte Basti. „In einer Schublade war eine Zigarrenkiste mit alten Kassenzetteln."

„Hast du auch im Computer nachgeschaut?"

„Wie soll ich da nachschauen? Der ist durch ein Passwort geschützt."

Cedric grinste. „Für jedes Passwort gibt es einen Weg, es zu knacken."

„Und was soll da drin sein im Computer? Vielleicht eine Autorennbahn?"

Eine halbe Stunde forschten sie noch lustlos weiter. Dann dankte Basti den Freunden. Er wirkte reichlich verzweifelt, als er die Wohnungstür hinter ihnen schloss.

7

„Und du bist dir ganz sicher, dass ich nicht ersticken muss?" Lieserl sah ihren großen Bruder argwöhnisch an.

„Ganz sicher, Mücke. Das ist eine Schmutzwäschetonne. Die muss luftdurchlässig sein, damit die Wäsche nicht modert. Schau, ich deck dich mit diesem Pulli von Mama zu, dann kannst du lauschen, ohne gesehen zu werden."

„Und wenn die Eltern gar nicht über die Geschenke reden?", gab das Mädchen zu bedenken.

„Wann sollen sie sonst über die Geschenke reden, wenn nicht vor dem Einschlafen? Detektivarbeit ist kein Zuckerschlecken. Die erfordert Geduld und nochmals Geduld."

„Aber die Eltern sind noch gar nicht da. Da muss ich ja eine Ewigkeit warten."

„Sie kommen jeden Augenblick heim. Da Papa morgen zeitig zum Flughafen muss, werden sie gleich ins Bett gehen."

„Und wann darf ich wieder herauskommen?"

„Du wartest, bis sie fest eingeschlafen sind. Dann schleichst du auf Zehenspitzen hinaus. Auch das Schleichen ist eine wichtige Eigenschaft für jeden Detektiv."

Schnell verließ er das Schlafzimmer, bevor das Mädchen es sich anders überlegte. Er löschte überall das Licht und setzte sich in sein dunkles Zimmer.

Wenig später hörte er den Schlüssel in der Wohnungstür. Die Eltern verschwanden in ihrem Schlafzimmer und zogen die Tür hinter sich zu.

Es folgte eine Zeit bangen Wartens. Längst mussten die Eltern tief und fest schlafen. Lieserl konnte das Schnarchen des Vaters unmöglich überhören. Eine Stunde war verstrichen, wenn nicht zwei. Ernstl wurde immer unruhiger. Am Ende bekam die Schwester nicht genug Luft und befand sich in höchster Not. Schließlich hielt er es nicht länger aus.

Vorsichtig drückte er die Klinke an der Schlafzimmertür nach unten. Ein leises Quietschen. Er hielt die Luft an. Der Vater unterbrach sein Schnarchen. Die Mutter seufzte im Schlaf. Auf Zehenspitzen schlich Ernstl durch das dunkle Zimmer und tastete sich am Kleiderschrank entlang. Seine nackten Füße stießen an etwas Weiches. Einer von Vaters Hausschuhen.

Endlich war er an der Tonne angekommen. Mit der Linken hob er den Deckel in die Höhe, tastete mit der Rechten vorsichtig hinein. Ein quiekendes Grunzen ertönte aus der Tiefe des Behälters.

„Psssst!“, flüsterte Ernstl. Jetzt hatten seine Finger einen Haarschopf erwischt, jetzt ein Ohr.

„Was ist?“, murmelte Lieserl schlaftrunken.

„Psssst!“, zischte der Junge noch einmal. Er legte den Deckel behutsam auf den Boden. Dann griff er mit beiden Händen in die Tonne und wollte die Schwester herausheben.

„Grrrrrhäbrrräää!“ Mit lautem Getöse setzte das Schnarchen des Vaters wieder ein.

Ernstl zuckte zusammen. Doch schnell hatte er sich wieder in der Gewalt und versuchte erneut, seine Schwester zu fassen.

„Lass mich schlafen.“ Lieserl wischte seine Hände mit einer fahrigen Bewegung zur Seite.

Da er wenig Lust verspürte, in dieser Situation eine Grundsatzdebatte zu führen, flüsterte er „Schlaf gut!“ und legte behutsam den Deckel wieder auf die Tonne

Wenigstens ist ihr nichts zugestoßen, dachte er, als er zurück in sein Zimmer schlich.

Noch vor den Eltern war Ernstl in der Früh munter. Als der Vater im Bad verschwunden war und die Mutter in der Küche das Essen zubereitete, huschte er zu dem Schmutzwäschebehälter und hob seine Schwester heraus. Benommen stolperte sie hinter ihm her in sein Zimmer.

„Und?“, fragte Ernstl neugierig.

Das Mädchen legte den Kopf zur Seite und guckte ihn verwirrt an.

„Kennst du jetzt unsere Weihnachtsgeschenke?“

„Ach, die Weihnachtsgeschenke“, wiederholte sie gedehnt.

„Weißt du etwas?“ Er hätte sie schütteln können.

„Ich glaube nicht.“

Sie schien ernsthaft bekümmert. „Du hast den Deckel zugemacht, und dann war es da so warm und kuschelig und der Pullover roch nach Mama, und dann ... dann bin ich eingeschlafen.“

„Alles umsonst. Und heute Abend müssen wir sagen, was wir geschenkt bekommen.“

Er ließ sie sitzen und rannte aus dem Zimmer. Ohne Frühstück verließ er die Wohnung.

8

Ernstl schlurfte durch dichtes Schneegestöber. Die Flocken fielen ihm in den Kragen, doch er dachte nicht daran, den Anorak zu schließen oder den Schal um den Hals zu wickeln.

Er lief immer geradeaus, ohne auf den Weg zu achten. Die Uhr an einer Bushaltestelle zeigte halb neun. Längst hatte der Unterricht angefangen, Heimatkunde bei Frau Becker. Bald würde die Rechenstunde bei Herrn Mägerlein beginnen. Er beschloss, einfach nicht hinzugehen. Er hatte ohnehin keine Hausaufgaben gemacht. Trotzig vergrub er die Fäuste in den Taschen seines Anoraks und stapfte weiter.

Im Geist sah er seine Schwester, wie sie in der Tonne gelegen hatte und eingepennt war, ohne ihren Auftrag zu erfüllen. Er hätte sie erwürgen können. Ständig hing sie ihm an der Naht. Wollte bei allem dabei sein. Und war doch keine Hilfe, wenn man sie wirklich brauchte. Er machte einen Schneeball und warf ihn mit Wucht gegen die Seitenscheibe eines vorbeifahrenden Linienbusses. Wieso musste ausgerechnet er so eine blöde Schwester haben? Thilo konnte mit seiner großen

Schwester wenigstens angeben. Der liefen die Oberklässler scharenweise hinterher. Und wenn Thilo Glück hatte, sagte sie ihm sogar, was er zu Weihnachten bekam. Cedric und Basti waren Einzelkinder. Da gab es wenigstens keinen, der sie nervte. Aber er, Ernstl, war mit dieser anstrengenden Klette geschlagen bis ans Ende seiner Tage.

Ihr schmächtiges Gesicht kam ihm in den Sinn, als er sie in die Tonne hineingehoben hatte. Sie war voller Angst gewesen, dass sie ersticken könnte. Und hatte doch das Wagnis auf sich genommen. Weil ihr großer Bruder das so bestimmt hatte. Und weil er ihr gesagt hatte, es könnte nichts passieren.

Ernstl wischte sich eine Träne vom Gesicht. Mit einem Mal wusste er, was er zu tun hatte. Er machte auf dem Absatz kehrt und begann zu laufen. Mit hechelnder Zunge erreichte er die elterliche Wohnung. Er kramte den Schlüssel aus der Tasche und sperrte auf. Längst waren alle außer Haus. Ganz unten in seinem Kleiderschrank stand das Sparschwein. Er öffnete die Klappe am Bauch des Tieres und schüttelte, bis der ganze Inhalt auf dem Bett lag. Der 10-Euro-Schein war vom letzten Besuch von Tante Gretel, die Münzen hatten sich über die Zeit angesammelt, waren vom Taschengeld abgezweigt, durch kleine Erledigungen hinzuverdient worden. Im Ganzen waren es 28 Euro und 55 Cent. Er steckte alles in eine Plastiktüte, die er in der Tiefe seiner Hosentasche verstaute.

Wenig später betrat ein blasser Junge das Spielwarengeschäft am Benedattenkarrée. Zögernd schlich er durch die Verkaufsräume und betrachtete mit großen Augen die ausgestellten Herrlichkeiten. Eine Ritterburg für Playmobilfiguren. Eine Weltraumlandschaft aus Legosteinen. Bei jedem Stand kostete es den Jungen Mühe, sich loszureißen. Aber schließlich besann er sich, weswegen er hergekommen war und ging schnurstracks in die Puppenabteilung. Eine Barbiepuppe musste es sein, eine ganz besondere. Eine Flamencotänzerin gab es da. Eine Rockerbraut in Motorradkluft. Eine Schönheit in weitausladendem Abendkleid.

Dann fiel sein Blick auf eine Figur in der zweiten Reihe und Ernstl wusste, die war es und sonst keine. Die Barbie trug die Uniform einer Stewardess mit einem kecken Schiffchenhut auf dem rötlichen Haar. *Hatte Lieserl nicht immer gesagt, wenn sie groß ist, will sie Stewardess werden?*

Er nahm die Schachtel mit der Puppe aus dem Regal und ging zur Kasse, wo zu dieser frühen Stunde niemand anstand.

„Na, junger Mann, heute keine Schule?“, wollte die Kassiererin wissen.

„Lehrer krank, die ersten zwei Stunden fallen aus“, nuschelte Ernstl und hoffte, dass er nicht rot geworden war.

„29,95“, tauchte im Display der Kasse auf.

„Oh!“ Der Junge starrte unschlüssig in seine kleine Plastiktüte.

„Na, was ist?“ Die Frau wiederholte den angezeigten Betrag.

„So viel hab ich nicht“, gestand Ernstl kleinlaut. „Ich hab nur 28 Euro 55. Aber am Wochenende bekomm ich wieder Taschengeld. Dann bring ich den Rest vorbei. Sie können sich darauf verlassen.“

„Wie stellst du dir das vor? Wir sind doch kein Kreditinstitut."

Er blickte zu Boden. „Ich brauch die Puppe unbedingt."

Die Frau machte einem Mann in einem Anzug ein Zeichen, der einige Meter entfernt die Modellbahnlokomotiven in einer Vitrine anordnete.

„Der Kunde möchte diese Puppe kaufen", erklärte die Frau, „aber ihm fehlen ein paar Cent."

„Mir fehlen 1 Euro 40", sagte Ernstl leise.

Ohne ein Wort zu sagen nahm der Mann die Schachtel in die Hand, zückte einen Filzschreiber und kritzelte „Reduziertes Mängelexemplar, 26,95" auf einen Zettel. Dann drehte er sich – immer noch wortlos – um und ging zurück zu seiner Vitrine.

Ungläubig schaute Ernstl zu, wie die Frau an der Kasse den neuen Betrag eingab. Schnell holte er das Geld aus der Tüte und zählte 26 Euro 95 ab. „Vielen, vielen Dank!", stammelte er. Auch dem wortkargen Herrn sagte er seinen Dank, bevor er zum Ausgang stolperte.

Auf Zehenspitzen schlich Ernstl in die Wohnung. Die Mutter hörte er in Vaters Arbeitszimmer herumhantieren. Schnell versteckte er die Barbiepuppe in seinem Schrank. Er war schon wieder auf dem Weg zur Tür, als das Telefon läutete. Er konnte sich gerade noch in den Türrahmen drücken, als die Mutter aus dem Arbeitszimmer eilte und im Wohnzimmer verschwand.

Kurzentschlossen riskierte der Bub einen Blick ins Arbeitszimmer. Da lag zwischen einem Berg von Geschenkpapier ein violettes Eislaufkleidchen mit Rüschen an den Ärmeln und wartete darauf, verpackt zu werden. Schnell machte er einige Schritte ins Zimmer, ob weitere Geschenke zu erspähen waren. Fehlanzeige.

Schon war er durch den Gang gehuscht und zog die Wohnungstür hinter sich ins Schloss.

9

Kurz vor 19 Uhr hatten sie sich bei der alten Post versammelt. Allen stand die Aufregung ins Gesicht geschrieben. Wieder gingen sie im Gänsemarsch hintereinander her über den alten Friedhof. Ein eisiger Wind blies ihnen ins Gesicht, fuhr in die Kleider und ließ sie noch stärker frösteln, als es der unheimliche Ort ohnehin schon tat.

Lothar plapperte ununterbrochen. Er beschrieb in allen Einzelheiten die technischen Details der Stereoanlage, die er seinem Onkel noch auf die Schnelle aufs Auge gedrückt hatte.

Die anderen versuchten wegzuhören. Aber so ganz gelang das keinem. Basti berichtete, dass die Zigarrenkiste, die sie bei der Expedition im Schreibtisch des Vaters gefunden hatten, bei näherer Untersuchung einige Überraschungen bereitgehalten hatte. Zum Beispiel brandneue Quittungen über Spielfilm-DVDs und über eine Playstation mit Spielen.

An der gleichen Stelle wie beim letzten Mal warteten die Mitglieder des CDW. Wieder bildeten sie einen Halbkreis um ihren Präsidenten. Von den drei anderen Anwärtern war nur ein Mädchen erschienen. Die beiden Jungen hatten gekniffen.

Das hätte ich auch tun sollen, schoss es Ernstl durch den Kopf. *Hier kann ich doch keinen Blumentopf gewinnen.*

Alle schnatterten aufgeregt durcheinander. Torsten, der Präsident, hob die Hand. Augenblicklich trat Ruhe ein.

Auf seinen Wink trat jetzt Dragomir nach vorne und zückte die Liste mit den Namen.

„Zwei von euch Nasenbohrern kann ich schon mal streichen. Dem Arbeitsdienst entkommen die nicht. Wir finden jeden. Nicht umsonst sind wir die Superdetektive.“ Er reckte die Faust zum Himmel. Den Anwärtern sank das Herz ein Stück weiter in die Hose.

„Komm endlich zur Sache“, rief Aische. „Wir haben nicht ewig Zeit.“

„Okay, okay, es geht schon los.“ Dragomir kratzte sich am Hinterkopf. „Da wär also als Erstes diese Hanna Geibel. Hervor zu mir.“ Mit zittrigen Beinen trat das Mädchen vor ihn hin. „Du hast also herausgefunden, was das Christkind dir Schönes unter den Weihnachtsbaum legen wird?“

„Äh, hmhm“, sie räusperte sich verlegen. „Ich bekomme eine Katze.“

„Toll. Sie kriegt eine Katze. Ist das alles? Farbe, Alter, Geschlecht? Kriegst du sonst noch was außer dieser dämlichen Katze? Lass dir nicht die Würmer einzeln aus der Nase ziehen.“

„Also die Katze, die ist ganz klein, erst ein paar Tage alt. Und das ist ein Männchen, ein Kater. Der hat ein braunmeliertes Fell mit einer hellen Nase und einer hellen Stelle am Rücken."

„Nicht so schnell", protestierte jetzt Dragomir. „Was meinst du, wie ich das alles mitschreiben soll? Was noch? Du musst drei Geschenke nennen."

„Dazu bekomm ich noch ein Katzenklo in Beige mit dunkelbraunen Kanten. Und von meiner Tante Gusti bekomm ich ein achtbändiges Lexikon."

„Wehe, wenn das nicht stimmt." Dragomir schaute auf seinen Block. „Lothar Heller, du bist dran. Und mach hinne, es warten noch 85 Kandidaten hinter dir."

Der dicke Lothar trat vor und zog einen Zettel aus der Tasche. „Also, ich bekomme ein neonrotes Mountainbike der Marke Scott mit Carbon-Rahmen, Shimano-Bremsen und 21 Gang. Dann bekomme ich ein Snowboard der Marke Nitro MISFIT, schwarz mit grünen Totenköpfen drauf. Und eine Sony-Stereoanlage mit Equalizer, Tuner, CD-Spieler und Boxen. Natürlich mit MP3. Die Farbe ist schwarz."

„Vermutlich habt ihr einen Geldscheißer zuhause", brummte Dragomir unwirsch.

Ernstl starrte auf Dragomirs kurzrasierten Schädel, auf den Totenkopfstecker im linken Ohr. Er sah das boshafte Grinsen, den lauernden Blick. Die Vorstellung, dass seine kleine Schwester diesen Unhold einen Monat lang bedienen sollte, raubte ihm den Verstand.

„Hör zu, Mücke", er beugte sich zu ihr hinunter und flüsterte in fieberhafter Eile, „wenn sie dich gleich nach deinen

Geschenken fragen, dann sag, du bekommst einen flauschigen Wollpullover in Hellgrün und Dunkelgrün. Dazu ein violettes Eislaufkleid mit Rüschen an den Ärmeln. Und eine Barbiepuppe in einer Stewardessenuniform."

„Was ist?", fragte Lieserl verwirrt. „Warum soll ich das sagen?"

„Oma Michelsen. Hast du die Pullover von Oma Michelsen vergessen? Sie strickt uns jedes Jahr so ein Teil."

„Aber doch nicht in Hellgrün und Dunkelgrün."

„Dieses Jahr vielleicht doch. Mama hat im Herbst eine Riesentüte von Wolle in diesen Farben zur Oma mitgenommen."

„Und was ist mit dem Eislaufkleid?" Sie war nervös und redete immer lauter.

„Pscht. Leise. Vertrau mir. Bitte. Du musst es tun."

„Und die Barbiepuppe? Wieso weißt du das alles?"

„Mit einer Lufthansa-Uniform. Kannst du dir das merken? In Dunkelblau und Dunkelgelb."

„Der nächste! Los, trödelt nicht herum." Dragomir funkelte sie böse an. „Du da, Zuckerschnecke. Du bist dran. Ich kann es gar nicht erwarten, von dir bedient zu werden."

Lieserl stolperte nach vorne. Verwirrt blickte sie noch einmal zu ihrem großen Bruder zurück.

„Also, bekommst du einen Packen Windeln und eine neue Nuckelflasche oder was?", höhnte Dragomir.

„Bekomm ich nicht, dass du es weißt!" Das Mädchen bot ihm trotzig die Stirn. „Ich bekomme einen flauschigen Wollpullover in Hellgrün und Dunkelgrün und ein violettes

Eislaufkleid mit Rüschen an den Ärmeln. Und mein allerschönstes Geschenk wird eine Barbiepuppe mit der Uniform einer Lufthansa-Stewardess. Die Uniform ist in Dunkelblau und Dunkelgelb. Hast du das alles notiert? Oder muss ich es noch einmal wiederholen?"

Dragomir bekam einen roten Kopf. Doch er beherrschte sich und winkte den nächsten Kandidaten heran.

Aufgeregt trat Ernstl hervor. „Ich bekomme auch einen flauschigen Wollpullover in Hellgrün und in Dunkelgrün." Er stockte. Dann presste er die Augen zu und sagte schnell „Außerdem bekomme ich eine Autorennbahn Marke Carrera und ein iPhone 6 mit 64 Gigabyte."

Benommen stellte er sich zurück in die Reihe der Freunde. Er konnte nicht vermeiden, dass seine Blicke immer wieder zu der schwarzen Aische hinüber wanderten, der er nun einen ganzen Monat lang jeden Wunsch von den Augen abzulesen hatte.

Die verbliebenen Kandidaten ratterten ihre erwarteten Geschenke flüssig herunter.

Basti rechnete mit einer Spielekonsole von PlayStation, einem Autorennspiel und dem Film *Das fliegende Klassenzimmer* auf DVD.

Thilo nannte voller Selbstbewusstsein Inlineskates, eine Gitarre und einen neuen Skianzug in Knallrot.

Als Letzter kam Cedric an die Reihe. Er verneigte sich vor Dragomir und sagte mit lauter, klarer Stimme: „Das Christkind beschert mir in diesem Jahr ein Fernrohr, und zwar ein

Omegon Teleskop mit Newton Reflektor mit parallaktischer EQ-3 Montierung. Zudem erhalte ich ein Eschenbach Monokular-Mikroskop mit Huygens-Okular. Und ich kriege den Hueber CD-Rom Sprachkurs Chinesisch für Fortgeschrittene."

Von dem Weg zurück über den Friedhof bekam Ernstl wenig mit. Wie in Trance tappte er hinter den anderen her und malte sich seine traurige Zukunft als Knecht der schwarzen Aische aus. Ausgerechnet bei einem Mädchen. Ihn grauste.

Unterdessen prahlte Thilo damit, wie er seine große Schwester weichgekocht hatte, bei den Eltern das Geheimnis seiner Weihnachtsgeschenke auszuforschen. Zwar konnte er sich etwas Aufregenderes vorstellen als eine Gitarre und einen Skianzug. Aber das war es ihm wert, wenn er nur die Aufnahmeprüfung bestand.

An der alten Post trennten sie sich. Lieserl hüpfte aufgeregt neben ihrem Bruder die Straße entlang und wollte zum hundertsten Mal wissen, wieso er ihre Geschenke hatte vorhersagen können. Aber außer einem unwilligen Brummen brachte sie nichts aus ihm heraus.

10

Eigentlich war die Feier an Heiligabend wie immer. Das Wohnzimmer war festlich geschmückt, die Kerzen am Christbaum strahlten, Oma Michelsen saß neben der Schale mit den selbstgebackenen Keksen und die Eltern machten feierliche Gesichter. Unter anderen Umständen wäre dies für

Ernstl der schönste Moment im ganzen Jahr gewesen, doch diesmal verhieß der Abend nichts weiter als eine schmerzhafte Niederlage. Mit düsterer Miene saß er abseits und verspürte keine Lust, die Geschenke auszupacken, die an seinem Platz lagen und ganz bestimmt etwas anderes enthielten als eine Carrera-Rennbahn und ein iPhone.

Seine Schwester hatte sich sofort auf ihre Gaben gestürzt. Jetzt stieß sie einen lauten Jubelschrei aus, während sie einen hell- und dunkelgrün gestreiften Wollpullover aus einem Knödel von Geschenkpapier herauszerrte. Triumphierend hielt sie das Kleidungsstück in die Höhe, lief zu den Eltern, um es ihnen stolz zu präsentieren, dann zur Oma, um sich zu bedanken. Schließlich stürmte sie auf ihren Bruder zu und fiel ihm glücklich um den Hals.

In rascher Folge wickelte sie drei *Wilde-Hühner*-Bücher aus, einen Seidenschal, ein Paar Schlittschuhe und ein wunderschönes violettfarbenes Eislaufkleid mit Rüschen an den Ärmeln. Wieder führte das Mädchen einen Freudentanz auf.

Und dann entdeckte sie in der Ecke noch ein Paket, eingewickelt in braunes Packpapier. Vorsichtig riss sie das Papier weg und starrte fasziniert auf die Klarsichtschachtel, die zum Vorschein kam: eine Barbiepuppe in der Uniform einer Lufthansa-Stewardess. Freudestrahlend lief sie mit dem Geschenk zu den Eltern. „Das ist das Schönste, was ich je bekommen habe!"

Verlegen druckste der Vater: „Das ... das ist nicht von uns."

Er blickte zur Oma hinüber. „Nein Kindchen", lachte diese. „Von mir sind nur der Pullover und der Schal."

Der Vater warf Ernstl einen forschenden Blick zu. „Vielleicht kann dein Bruder dir sagen, von wem diese Puppe stammt."

„Wirklich?" Lieserl starrte Ernstl mit großen Augen an. „Hast du mir die Barbie geschenkt?"

„Kann schon sein", murmelte er und schaute verlegen zu Boden.

Wortlos schlang sie ein weiteres Mal an diesem Abend ihre dürren Arme um den Bruder und drückte ihn so fest sie konnte. Als sie ihn wieder losließ, konnte er sehen, dass ihre Wangen ganz feucht waren. „Aber jetzt musst du deine Sachen auspacken", lachte sie. „Damit wir endlich mit deiner Carrera-Rennbahn spielen können."

Er schüttelte den Kopf, ließ sich dann doch auf die Knie hinunter und packte seine Geschenke Stück für Stück aus. Da war zunächst der Pullover mit den Streifen in verschiedenem Grün. Fünf Karl-May-Bücher, eine DVD mit einem Film der *Wilden Fußballkerle*, dazu passend ein Lederfußball in Orange und Schwarz, Fußballschuhe, ein Poster mit Rahmen für sein Zimmer und ein Kapuzenshirt mit Nashörnern drauf. Unter normalen Umständen wäre das eine sehr feine Ausbeute gewesen, aber an diesem Tag fehlte die Hauptsache, nämlich das, was er Dragomir genannt hatte.

Die Schwester zerrte ihn enttäuscht am Arm: „Wo ist das iPhone und die Autorennbahn?"

„Nirgends, Mücke. Die hat es nie gegeben. Ich wusste einfach nicht, was ich bekommen würde."

Er ließ den Kopf hängen.

„Dann kommst du jetzt nicht mit zu den Detektiven?"
„Ich kann dich doch nicht alleine gehen lassen."

11

Die Eltern leisteten nur schwachen Widerstand, als die Kinder verkündeten, sie müssten noch einmal weg, weil sie das so mit ihren Freunden ausgemacht hatten.

Sie waren spät dran. Die Sammelstelle an der alten Post lag verlassen da. Der Rest der Truppe war schon aufgebrochen. Ernstl und Lieserl eilten so rasch sie konnten hinterher. Ernstl trug der Schwester die Tasche, in der sie das Eislaufkleid und die Barbiepuppe verstaut hatte. Die grünen Pullover hatten beide sofort angezogen.

Am Treffpunkt an dem großen Familiengrab im Heilig-Geist-Friedhof herrschte reges Treiben. Die Freunde hatten bereits begonnen, den Clubmitgliedern ihre erbeuteten Geschenke vorzuführen. Soeben wurden das Rennrad, das Snowboard und die Stereoanlage von Lothar begutachtet. Sein Vater hatte ihm beim Hertransport geholfen, hatte die Limousine am nahen Haupteingang des Friedhofs geparkt. Jetzt stand der vornehm gekleidete Herr ein paar Meter abseits und wurde von Dragomir, Aische und Zita mit bösen Blicken gemustert. Erwachsene waren in ihrer Clubwelt wohl noch mehr verpönt als zu jung geratene Kinder.

„Alles in Ordnung", sagte Torsten und gab dem Bewerber seine sperrigen Beweisstücke zurück. „Du hast die Prüfung bestanden und darfst dich ab sofort Mitglied im CDW nennen. Zum Zeichen deiner Mitgliedschaft erhältst du diesen Patch." Er gab Zita einen Wink, die Lothar einen Stoff-Aufnäher überreichte, auf dem das Wappen des Clubs dargestellt war. Der Miene zufolge, die sie bei dieser feierlichen Amtshandlung aufgesetzt hatte, schien sie von dem Neuzugang nicht sehr begeistert zu sein.

Ernstl konnte sehen, dass auch Hanna Geibel solch einen Aufnäher in der Hand hielt.

Jetzt wurde Thilo aufgerufen. Er trat mit leeren Händen vor und verkündete grimmig. „Okay, ich hab es nicht geschafft. Künstlerpech. Jeder gute Detektiv ist früher oder später auf Informanten angewiesen. Und mein Informant hat mich in den Arsch getreten. Das Luder kann sich auf was gefasst machen."

„Hast du keine Gitarre und keinen Skianzug bekommen?", wollte Basti vorlaut wissen.

„Ach woher. Eine Dartscheibe mit Pfeilen hab ich gekriegt, einen Basketball und eine Boxbirne. Geile Sachen, keine Frage, aber nicht das, was ich angegeben hatte."

Basti meisterte den Nachweis der richtigen Geschenke mit Links.

Cedric wuchtete einen Koffer heran, öffnete ihn umständlich und zog daraus das Fernrohr, das Mikroskop und etliche CDs hervor, die wohl den chinesischen Sprachkurs darstellten.

Dann war es an Ernstl, vorzutreten. Er tat es Thilo gleich und gab ohne Umschweife zu, dass aus der Autorennbahn und dem iPhone leider nichts geworden war.

Die schwarze Aische stieß einen Jubelschrei aus. „Super, mein Kleiner. Wir haben bestimmt viel Freude miteinander." Dazu fletschte sie die Zähne und rollte furchterregend mit den Augen.

Dragomir schob sie zur Seite. „Jetzt zu dir, meine Zuckerschnecke." Er winkte Lieserl mit dem Zeigefinger heran. „Lass doch einmal sehen, was das Christkind dir gebracht hat."

Sie tippelte nach vorne und stellte Mutters Einkaufstasche ab. Daraus zog sie das Eislaufkleid und die Barbiepuppe hervor und zeigte sie stolz allen ringsum im Kreis. Dann öffnete sie ihren Mantel. „Und hier ist der flauschige Wollpullover in Hellgrün und Dunkelgrün. Hab ich jetzt die Aufnahmeprüfung bestanden?" Sie strahlte über das ganze Gesicht.

„Kann schon sein", raunzte Dragomir unwillig. Auch den anderen Detektiven war ihr Unmut deutlich anzusehen, doch sie wagten es nicht, ihre eigenen Regeln in Frage zu stellen. Widerwillig drückte Torsten dem Mädchen den Aufnäher mit dem Wappen in die Hand, den auch schon Basti und Cedric erhalten hatten.

Thilo saß einige Meter entfernt auf einer Grabeinfassung. Ernstl ließ sich neben dem Leidensgenossen nieder. Schweigend starrten sie zum Pulk der anderen hinüber. Offensichtlich gab es eine Debatte. Aische fuchtelte mit den Armen durch die Luft, Zita redete auf Dragomir ein. Doch Torsten schnitt ihnen mit einer Geste das Wort ab. Basti, Cedric und Lieserl lösten sich aus dem Kreis und kamen auf ihre Freunde zu. Diese standen auf und folgten den anderen wortlos zum Ausgang des Friedhofs.

Ernstl hing seinen finsteren Gedanken nach. Er wusste nicht, was schlimmer war: dass er die schwarze Aische zu bedienen hatte oder dass seine Schwester es in den Club der Detektive geschafft hatte und er nicht. Doch dann fiel ihm ein, dass Lieserl es nur dank seiner Hilfe geschafft hatte, und das beruhigte ihn etwas.

„Warum kommt Lothar nicht mit?", wollte Thilo wissen.

„Will wohl noch mit seinen neuen Clubkameraden feiern", meinte Basti leichthin.

„Wollt ihr das nicht auch?", fragte Thilo. „Auf uns müsst ihr keine Rücksicht nehmen."

„Ihr werdet lachen", kicherte Cedric, „ohne euch mach es uns beim CDW keinen Spaß. Und das sah diese junge Dame ganz genauso." Er klopfte Lieserl anerkennend auf die Schulter.

„Was ist los?" Ernstl war hellhörig geworden.

Cedric grinste. „Nachdem diese düsteren Kerle deiner Schwester ihr Vereinsabzeichen ausgehändigt hatten, machte ihnen Lieserl ein interessantes Angebot. Sie sagte, sie verzichtet darauf, Mitglied zu werden, wenn im Gegenzug ihrem Bruder seine Dienste für die schwarze Aische erlassen würden. Die Bande war einverstanden. Das hat Basti und mich so beeindruckt, dass wir unsere Mitgliedschaften gegen Thilos Dienerposten eingetauscht haben."

„Gigantisch!" Thilo brachte nur dieses eine Wort heraus.

Ernstl war nicht einmal dazu in der Lage. Er packte seine kleine Schwester und wirbelte sie durch die Luft. Dann drückte er sie ganz fest an sich.

„Dem dicken Lothar kam so eine großmütige Geste natürlich nicht in den Sinn", ergänzte Basti. „Selber schuld, wenn es ihm reicht, Mitglied im zweitbesten Detektivclub zu sein."

„Wieso das denn?" Thilo machte kein sehr geistreiches Gesicht.

„Wozu brauchen wir diesen dämlichen CDW?", erläuterte Cedric in seiner altklugen Art. „Wir sind selber ein viel besserer Club. Und die Gründungsmitglieder sind genau wir fünf."

Den Weg zur alten Post legten sie schweigsam zurück. Erst als sie sich trennten, fiel Ernstl noch etwas ein. „Cedric, du hast uns nie erzählt, auf welche Weise du herausbekommen hast, was deine Eltern dir zu Weihnachten schenken."

„Hab ich gar nicht herausbekommen", bekannte der Gefragte freimütig.

„Aber du hast doch die Geschenke richtig vorausgesagt und nachgewiesen."

Der dürre Cedric kicherte in sich hinein. „Weihnachtsgeschenke waren das schon, aber die vom letzten Jahr. Wenn diese superklugen Detektive besser hingeguckt hätten, hätten sie jede Menge Gebrauchsspuren entdecken können."

Oedelum

1

Um 17 Uhr 34 fuhr der verdammte Zug endlich in den Bahnhof ein. Hildesheim. 67 Minuten Verspätung. Reinhold Lindbüchl schulterte den Rucksack, klemmte sich den Karton mit dem Hochzeitstopf unter den Arm, griff nach Friedrichs altem Schlafsack und rannte los. Eine Fahrkarte für den Bus nach Oedelum. Am Fahrkartenschalter schickten sie ihn zum Zeitungskiosk. Da empfahlen sie den Imbissstand. Dort verwiesen sie ihn an den Fahrer im Bus. Als der junge Mann auf den Bahnhofsvorplatz hinaustrat, fuhr ihm der Regen stechend ins Gesicht. Schräg gegenüber stand ein verbeulter MAN-Bus zur Abfahrt bereit. Soeben schaltete der Fahrer die Scheinwerfer ein. Reinhold packte den Hochzeitstopf fester und begann zu laufen. Mit hängender Zunge erreichte er den Bus. Der Fahrer ließ die Tür aufschwingen und blickte den Fahrgast mit müder Miene an.

„Oedelum? Fährt dieser Bus nach Oedelum?“, keuchte Reinhold.

„Wenn‘s denn sein muss“, brummte der Fahrer.

„Es muss.“ Ächzend hievte Reinhold sein Gepäck in den Bus. Er reichte dem Fahrer einen 10-Euro-Schein. „Einmal einfach bis Oedelum.“

Reinhold schob das Wechselgeld ein und setzte sich auf den Sitz hinter dem Fahrer.

„Könnten Sie mir bitte sagen, wenn wir da sind?“

„Wenn's denn sein muss."

Der Fahrer schloss die Tür und setzte das Fahrzeug in Bewegung.

Reinhold lehnte sich im Sitzpolster zurück und blickte in die fremde Stadt hinaus. Elvira Appenbeck, Oedelum, Backhausstraße, keine Hausnummer. Tante Elvira! Eine seltsame Tante, von deren Existenz er bis vor acht Wochen keinen blassen Dunst gehabt hatte. Ende Oktober war Reinholds Großmutter gestorben und hatte auf dem Sterbebett der Familie das Versprechen abgenommen, sich mit der Familie ihrer Schwester Elvira zu versöhnen.

In den Tagen danach hatten Reinhold und seine Geschwister nichts unversucht gelassen, mehr über die unerwartete Verwandtschaft zu erfragen.

Da hatte es ein Zerwürfnis gegeben, kurz nach dem Krieg. An den Grund konnte sich keiner genau erinnern. Schwarzmarktgeschäfte hatten wohl eine Rolle gespielt und eine Liebschaft mit einem GI. Jetzt sollte also die Geschichte ins Lot gebracht werden.

Die Mutter hatte noch im Oktober den ersten Brief geschrieben. Hatte einen zweiten hinterher geschickt an eine andere Adresse. Ein dritter schließlich brachte eine Reaktion. Karmelia, die älteste Cousine der Mutter, schlug zum erneuten Knüpfen der Familienbande ein gemeinsames Weihnachtsfest vor. Zu viert wollten sie in den Norden fahren, hatten die Bahnfahrt schon gebucht, der Vater, die Mutter, der Bruder Friedrich und Anneliese, die Schwester. Alleine

Reinhold sollte zuhause bleiben, da er eine Betriebsfeier hatte, am 24. Dezember vormittags.

Dann war der Vater krank geworden. Hatte über Halsschmerzen geklagt, tags darauf über Fieber. „Kein Wunder, wenn du ohne Mantel aus dem Haus gehst“, hatte die Mutter geseufzt, hatte ihm Aspirin und Gelomyrtol gereicht und eine Hühnersuppe. „In diesem Zustand kann ich euren Vater auf keinen Fall alleine lassen“, erklärte sie den Kindern.

Dann eröffnete Anneliese, dass sie für Heiligabend eingeladen war bei den Eltern von Sebastian, den sie seit Kirchweih als ihren Verlobten ansah. Und Friedrich wurde eingeteilt zum Bereitschaftsdienst bei der Freiwilligen Feuerwehr. Plötzlich hatten alle Reinhold angeschaut. Er war rot geworden und hatte gewusst, Sträuben war zwecklos.

Als wäre es damit nicht genug gewesen, kam noch die Sache mit dem Hochzeitstopf. Der sollte der Tante als Versöhnungsgeschenk überreicht werden. Im Nachlass der Großmutter hatte sich diese unförmige Schüssel aus vergilbtem Porzellan befunden, mit allerlei Verzierungen ringsherum, die die Früchte des Gartens und des Feldes darzustellen versuchten. War seit Urzeiten in der Familie von einer Generation auf die andere weitergegeben worden.

„Wenn bei einer Hochzeit das Festmahl in dieser Schüssel gereicht wird, hält die Ehe hundert Jahre lang“, hatte die Großmutter den Kindern erzählt. Tatsächlich konnte sich niemand erinnern, dass sich in der weitverzweigten Sippschaft je ein Paar getrennt hätte.

Jetzt saß er da mit dem Ungetüm auf den Knien. Hatte über eine Stunde Verspätung und immer noch keine Idee, wie er das Haus der Tante finden sollte.

Die Stadt hatten sie hinter sich, nun ging es über die Dörfer. Der Bus hielt an. Reinhold bemühte sich, durch die beschlagene Scheibe etwas zu erkennen. „Ist das jetzt ...?"

„Geduld."

Die Tür beim Fahrer schwang auf und eine schwergewichtige Frau quälte sich die Stufen herauf. *Hella von Sinnen auf Landpartie,* schoss es Reinhold durch den Kopf. Ein schlaksiger Teenager und ein schmächtiger Mann folgten ihr auf den Fuß. Sie nahmen hinter Reinhold Platz und begannen, sich lautstark in der Mundart der Gegend zu unterhalten.

„Ist doch mir egal, wenn die Plätzchen schon weg sind", maulte der Bub. „Ich muss nicht zur Großtante und ihrer blöden Feier."

„Was soll die Tante von uns halten", quäkte die Mutter, „wenn wir schon wieder zu spät kommen?"

„Ist doch mir egal, was die Großtante von mir hält."

Wieder hielt der Bus. Und wieder stiegen Fahrgäste zu. Ein Ehepaar mit einem kleinen Mädchen. Hella von Sinnen begrüßte sie lautstark. „Schön, dich zu sehen, Hansjörg. Dann sind wir wenigstens nicht die Letzten."

„Von wegen", antwortete der Angesprochene lachend. „Cousine Emmi zieht sich erst um. Und Onkel Fridjoff ist noch mit dem Hund unterwegs."

Reinhold atmete auf. Wie es aussah, musste er nicht lange nach dem Fest seiner Tante suchen.

Als an der nächsten Haltestelle die ganze Meute ausstieg, gab der Fahrer auch ihm ein Zeichen. „Oedelum“ stand auf einer Tafel an der Haltestelle. Er ließ den anderen einen kleinen Vorsprung, dann folgte er ihnen unauffällig. „Backhausstraße“ verkündete ein Straßenschild. Na also. Jetzt öffneten die anderen ein Gartentor, gingen durch einen Vorgarten und verschwanden in einem großen Haus.

2

Reinhold schnäuzte die Nase, fuhr sich mit der Hand über die verwurstelten Haare. Dann stieg er die fünf Steinstufen zur Haustür hinauf. Da er keinen Klingelknopf entdecken konnte, klopfte er an die Tür. Keine Reaktion. Zögernd griff er an den Türknopf und drehte daran. Mit einem leisen Quietschen schwang die Tür auf. Im breiten Hausflur drängten sich die Menschen. Eine resolute Frau in einem quietschgelben Arbeitskittel dirigierte die Besucher, schickte die einen die Kellertreppe hinunter, lotste die anderen in die gute Stube oder in den oberen Stock hinauf. Krause Haare standen ihr nach allen Seiten wild vom Kopf. *Whoopi Goldberg mit Quarkmaske*, entschied Reinhold grinsend.

Er wartete geduldig, bis er an der Reihe war. Höflich reichte er der Frau die Hand. „Ich heiß Reinhold Lindbüchl. Meine Mutter hat geschrieben.“

„Da kann man nichts machen“, lautete die ungerührte Antwort.

„Mein Vater ist leider krank geworden, erst nur ein leichter Katarrh, aber dann kam diese Nebenhöhlenvereiterung dazu. Da konnte natürlich meine Mutter auch nicht weg, weil meine Schwester darf bei den Eltern von ihrem Verlobten feiern und mein Bruder konnte leider ebenfalls nicht verhindern, keine Zeit zu haben. Aber ich bin ja jetzt da, dabei muss ich mich entschuldigen wegen der Verspätung, aber was will man von der Bahn anderes erwarten." Danach musste er Luft holen, und das nutzte sein Gegenüber, nahm ihm den Hochzeitstopf aus der Hand und wies mit dem Kinn zur Kellertreppe.

„He, Mareike, wo sind die Kerzenleuchter?" Eine stämmige Matrone walzte durch den Gang heran.

Whoopi Goldberg drehte sich um. „In der Abstellkammer. Ich hol sie. Stell du derweil dieses Schmuckstück in den Salon." Sie überreichte den Hochzeitstopf und verschwand im hinteren Teil des Gangs.

Reinhold schaute die Matrone unsicher an. „Wenn ich darauf hinweisen darf, das ist der Hochzeitstopf. Uraltes Familienerbstück. Sehr wertvoll. Es wäre schön, wenn Sie mir bitte sagen könnten, wo ich die Tante Elvira finde? Ich bin nämlich gerade erst angekommen, weil der Zug hatte Verspätung, aber das überrascht heutzutage keinen, dabei wäre das alles nicht so schlimm, wenn sie wenigstens etwas durchsagen würden."

„Da musst du schon selber zusehen, wo du deine Tante gelassen hast." Die Matrone machte auf dem Absatz kehrt und verschwand mit dem Topf in einem Raum auf der linken Seite.

Gehorsam trottete Reinhold in den Keller und legte seine Sachen zu einem Berg von Kleidungsstücken auf eine Tischtennisplatte.

„Respekt! Eigenen Schlafsack mitgebracht. Alte Pfadfinderschule. Findet man selten heute."

Reinhold drehte sich um. Der Mann mochte Mitte 50 sein, hatte seine schulterlangen Haare zu einem Pferdeschwanz gebunden und trug einen Gehrock, der 10 Meter gegen den Wind nach Mottenkugel roch. „Dann sei auch schön sittsam und meide den Bastard Nikotin und den Teufel Alkohol."

Mit dem Kopf deutete er auf den Durchgang zum Nebenraum, der mit einer Bar und bunter Faschingsdekoration als Partykeller eingerichtet war. Da drängte sich ein Dutzend Gäste und ließ sich von einem halbwüchsigen Mädchen mit Getränken versorgen. Ein pockennarbiger Schnittlauchkopf mit Sonnenbrille verlangte lautstark nach Prosecco.

„Ja, nein, ich meine selbstverständlich", stammelte Reinhold und machte sich auf den Weg nach oben. Neue Gäste drängten zur Haustür herein. Sie schoben ihn unbarmherzig den Gang entlang in eine geräumige Wohnküche. Auf einer Eckbank saß eine Gruppe klappriger Frauen, aufgereiht wie die Spatzen auf der Leine. Ein kleinwüchsiger Mann reichte eine Platte mit Christstollen herum. Reinhold war hungrig von der langen Fahrt und genehmigte sich eine Scheibe. Hella von Sinnen verteilte klebrige Honigsterne, auch da griff der junge Mann begierig zu. Irgendjemand drückte ihm einen Becher voll Glühwein in die Hand, jemand anderes wollte wissen, wo Onkel Herbert geblieben sei.

„Wenn Sie nach Onkel Fridjoff gefragt hätten, der ist nämlich mit dem Hund unterwegs."

Irgendwo in der Wohnung hatte jemand eine CD mit Weihnachtsliedern aufgelegt. Vom Backrohr roch es nach gebratenem Geflügel. Es war in dem Raum ein ständiges Kommen und Gehen. Auch Reinhold zog weiter und hielt die Augen offen nach Tante Elvira.

Eine junge Frau mit violetten Haaren fragte Reinhold, ob der Punsch schon fertig wäre, und ein Oldtimer, der entsetzlich nach Knoblauch stank, erkundigte sich nach der Lebkuchenmamsell. Reinhold bot beiden von seinem Glühwein an und stellte seinerseits die Frage nach Tante Elvira.

„Am besten fragst du Onkel Herbert. Der hat die Dinge im Griff", schlug der Oldtimer vor.

„Nicht wahr, du bist der Horst? Nanni Oelberfreuds Jüngster?" Die Frau reichte garnierte Putenspieße und sah aus wie Elsa Tomaschewski aus der Dosenbude.

„Wie? Nein, ich heiße Reinhold Lindbüchl", verbesserte er und griff nach einem Putenspieß.

„Sag deiner Mutter schöne Grüße von mir. Hat sie immer noch die Probleme mit der Bandscheibe? Sie hätte zu dem Spezialisten gehen sollen, den ich ihr damals empfohlen hab."

„Sie verwechseln mich. Ich kenne keine Nanni Oelberfreud."

„Und dein Vater? Hat er endlich mit dem Rauchen aufgehört? Wenn du mich fragst, die das nicht schaffen, haben es nie wirklich vorgehabt. Ihm musst du keinen Gruß ausrichten. Aber deiner Mutter. Vergiss das nicht."

„Ich kenne keine ..."

„Von Anni Mägenthal. Kannst du dir das merken? Na, nimm dir noch einen Spieß."

3

Im ersten Stock gab es eine Flucht von Zimmern. Überall standen die Türen offen. In einem Raum hockten vier unrasierte alte Männer um einen Tisch und warteten ergeben auf das Christkind. Im zweiten saß eine Horde Kinder vor dem Fernseher und lachte sich schief über einen alten Slapstick-Film mit den Marx Brothers. In der kleinen Kammer nebenan putzten zwei Frauen einen Berg von beschlagenem Silberbesteck. Die eine war eine spindeldürre Person in einem orangen Brokatkleid. Sie erinnerte an Margarete Schreinemakers auf Totalentzug. Als Reinhold den Kopf zur Tür hinein streckte, fuhr sie ihn schnippisch an. „Glotz nicht, sondern mach dich nützlich. Der Pastor soll kommen, damit endlich etwas weitergeht."

„Der Pastor? Und wo find ich den?"

„Stell dich nicht dümmer als du bist. Entweder in der Küche oder in der hinteren Speisekammer. Mach schnell. Die Leute werden ungeduldig. Wer weiß, welcher Unfug ihnen einfällt."

Also trottete der junge Mann die Treppe wieder hinunter und machte sich auf die Suche nach dem Geistlichen.

„Wo mag der Pastor sein?", fragte er Whoopi Goldberg im

gelben Kittel. Sie war immer noch damit beschäftigt, neue Gäste zu dirigieren.

„He, Frieda, ist der Pastor bei euch?“, brüllte Whoopi in Richtung Küchentür.

„Hast du schon im Salon nachgesehen?“, tönte es zurück.

„Vorhin war er in der guten Stube“, kiekste ein steinaltes Weiblein. Wie aus dem Nichts war sie neben Reinhold aufgetaucht. Sie hatte eine dichtbehaarte Oberlippe und trug eine Art Stützstrumpf als Kopfbedeckung. Jetzt krallte sie ihre dürren Finger um Reinholds Handgelenk und zerrte ihn hinter sich her. In der guten Stube war der Pastor nicht. Dafür war an dem großen Esstisch noch ein Hocker frei. Auf den drückte die Alte Reinhold nieder und versorgte ihn mit einem Krug voll Glühwein. Sein Nachbar, ein rothaariger Rübezahl, stieß mit ihm an.

„Dich kenn ich doch. Bist du nicht Nanni Oelberfreuds Ältester?“ Elsa Tomaschewski zwängte sich neben dem Rübezahl auf die Bank. „Sag Nanni einen schönen Gruß von mir. Und sag ihr auch einen Gruß von Heinz Hürtig. Das wird ihr Laune machen. Die beiden waren fast mal so was wie verlobt. Vergiss es nicht!“

Hilfesuchend schaute Reinhold den Rübezahl an. Fröhlich hielt der ihm seinen Becher zum Anstoßen hin.

Ein Mädchen in Reinholds Alter erschien in der Tür und verkündete atemlos: „Im oberen Stock fangen sie schon mit der Bescherung an.“ Reinhold starrte sie entgeistert an. Ihre blonden Locken, ihre Sommersprossen und ihre fröhlichen blauen Augen hatten es ihm auf der Stelle angetan. Und ihr grün schillerndes Minikleid verschlug ihm den Atem.

Mehrere Leute sprangen auf und eilten aus dem Raum. Andere entrüsteten sich über den gottlosen Frevel, mit der Feier anzufangen, bevor der Pastor seinen Segen gegeben hatte.

„Quatsch", brummte der Rübezahl, „der Pastor hockt seit zwei Stunden im Keller und sucht den Wein für den Braten aus. Von dem Braten wird er nicht mehr viel mitbekommen."

Reinhold blickte den Sprecher entgeistert an. Da hätte er lange suchen können. Er nickte in die Runde, stand auf und ging zur Zimmertür.

4

Im Gang herrschte unverändert reger Verkehr. Whoopi Goldberg war abgelöst worden durch Hella von Sinnen. Sie hielt Reinhold eine große Schüssel voller Fleischpflanzerln unter die Nase. Frikadellen, wie sie das hier nannten. Höflich bediente er sich. Vorsichtshalber nutzte er die Gelegenheit, nach Tante Elvira zu fragen. „Nee, mein Junge, da kann ich dir nun nicht weiterhelfen. Wenn Onkel Karl da wäre, der wüsste das im Nu."

„Und wo find ich den Onkel Karl?"

„Tja, das ist nun nicht so einfach. Der Karl ist vor fünf Jahren gestorben. Hatte es an der Prostata, hieß es. Aber wenn du mich fragst, hat der sich zu Tode gesoffen." Sie lachte laut, bückte sich nach einer halbvollen Flasche Weißwein und goss sich einen gehörigen Schluck in den Schlund. Dann hielt sie dem jungen Mann ebenfalls die Flasche hin, aber er winkte ab und machte sich wieder auf den Weg in den ersten Stock. Auf der Treppe wurde er angerempelt von einem, der nicht schnell genug nach unten kommen konnte.

„Aua", empörte sich der junge Mann.

„Wenn du eine aufs Maul willst, musst du es nur sagen!", kam als grimmige Antwort. Der Typ hatte eine Alkoholfahne und war nicht mehr sicher auf den Beinen. An der Sonnenbrille erkannte Reinhold den Schnittlauchkopf aus der Kellerbar. Im Schlepptau hatte er eine Wasserstoffblonde mit Schmollmund, die ihre üppigen Pfunde in ein blaues Stretchkleid gepresst hatte. Reinhold drückte sich gegen die Wand, bis die beiden vorbei waren.

Im ersten Stock standen die Leute dicht gedrängt und lauschten den Darbietungen einiger Kinder, die sich bemühten, mit zwei Blockflöten, einer Melodika und einem Akkordeon so etwas wie Weihnachtsmusik zu fabrizieren. Es klang grauenvoll. Als das Stück zu Ende war, spendeten die Zuschauer höflichen Beifall.

Schreinemakers drängte sich zu Reinhold durch. „Hast du den Pastor endlich gefunden?"

Der junge Mann schluckte. „Also der Pastor, der ist im Keller und hat dort noch zu tun."

„Sag das doch gleich, dass er schon wieder hackedicht ist. Dann brauchen wir nicht weiter zu warten." Sie klatschte in die Hände. „Los, Leute. Die Jungen bleiben hier oben, die Alten ins Erdgeschoß. In fünf Minuten werden die Christbäume angezündet. Die Worte aus der Heiligen Schrift übernimmt Renate. Onkel Herbert bedient das Harmonium. Und dass mir jeder mitsingt, sonst bekommt ihr es mit mir zu tun."

Aufgeregt schnatternd löste sich die Versammlung auf.

Reinhold überlegte, ob er wohl zu den Jungen oder zu den Alten zählte. Da versetzte ihm jemand einen Hieb auf die Schulter. „Bravo, mein Junge, wolltest nicht petzen. Aber um den Pastor brauchst du dir keine Gedanken zu machen. Tut sonst auch keiner." Es war der Rübezahl, im Schlepptau hatte er Elsa aus der Dosenbude. Letztere fasste Reinhold am Arm und schnatterte aufgeregt: „Na mein Junge, hast du deiner Mutter meine Grüße ausgerichtet?"

„Es fand sich noch keine Gelegenheit."

„Knut Küppers, der hatte es auch auf deine Mutter abgesehen. Sogar damals, als noch was übrig war von seinem Lottogewinn. Aber die Nanni Oelberfreud war schon immer anspruchsvoll. Was hat sie jetzt davon? Ein Ekel von einem Kerl, der keinen Job hat und das bisschen Geld für Schnaps auf den Kopf haut."

„Schon lang nicht mehr", widersprach Reinhold. „Seit er in Stuttgart bei der Bahn arbeitet, trinkt er keinen Schluck mehr."

„Wieso denn in Stuttgart?"

„Na wegen der Erbschaft von der Großtante Hannelore aus Brasilien."

„Hannelore? Nie gehört."

„Wir ja auch nicht. Umso größer war die Freude, als das

Schreiben vom Nachlassgericht kam. Hannelore de la Rosa, geborene Oelberfreud. Verstorben im seligen Alter von 93 Jahren in San Fernando do Brazil. Und wir die nächsten lebenden Anverwandten. Da war dieses Mietshaus in Stuttgart. Da macht Mama jetzt die Hausverwaltung. Und die Daimler-Aktien. Und das Häuschen bei Rio."

Elsa Tomaschewski schnappte nach Luft. „Das ... das hätte ich nicht für möglich gehalten."

„Wer hätte das schon?", bestätigte Reinhold mit ernster Miene.

Mit großen Augen starrte sie ihn an. Dann drehte sie sich auf dem Absatz um, zwängte sich durch die Menge und verschwand die Treppe hinunter.

5

Auch Reinhold Lindbüchl begab sich zurück ins Erdgeschoss. Erneut drückte ihm jemand etwas zum Essen in die Hand, ein großes Stück Feigenbrot. Der Salon mit dem Weihnachtsbaum war gerammelt voll, aber in der guten Stube gab es noch Stehplätze. Da die Verbindungstür offen stand, konnte man dem Geschehen lauschen. Jemand hielt eine Ansprache, der Stimme nach eine ältere Frau. Sie sprach von Frieden und Barmherzigkeit und innerer Einkehr. Die Menschen um Reinhold herum machten ergriffene Gesichter.

Auf einem altersschwachen Harmonium erklang *Stille Nacht* und alle sangen mit. Dann schüttelte man sich gegenseitig die Hände. „Respekt! Fürs erste Mal hältst du dich tapfer!“ Es war der Pferdeschwanz mit dem Mottenkugelgehrock, der Reinhold Lob zusprach.

Neben ihm tauchte der Rübezahl auf und haute dem jungen Mann seine schwere Pranke auf die Schulter. „Dann wollen wir uns mal die Geschenke abholen. Wer sich nicht sputet, geht am Ende leer aus.“ Er packte Reinhold am Arm und zerrte ihn mitten hinein ins dichte Gedränge im Salon. Unter dem herrlich geschmückten Christbaum lag ein gewaltiger Berg von Paketen in buntem Glanzpapier. Whoopi Goldberg und zwei andere robust gebaute Frauen hatten die Verteilung übernommen. Im Gänsemarsch zog die ganze Gesellschaft an den dreien vorbei. Zwei Mädchen reichten den Wartenden Fischpasteten und Heringsschnittchen. Die Schnittchen waren so köstlich, dass Reinhold gleich zweimal zugriff. Dann waren sie an der Geschenkausgabe angelangt. Der Rübezahl erbeutete einen schmalen Karton, Reinhold ein winziges Päckchen mit einer zierlichen Schleife. „Frohe Weihnachten!“, stammelte er und machte Platz für die nächsten Gäste.

In der Ecke des Zimmers wurde es laut. Reinhold reckte den Hals und erkannte den Schnittlauchkopf mit der Sonnenbrille, der sich mit seiner blauen Presswurst um ein dickes Paket raufte.

„Schnell in die Küche“, kommandierte der Rübezahl, „ich höre den Festschmaus nach uns rufen.“ Hella von Sinnen und Schreinemakers hatten die Essensausgabe unter ihrer Kontrolle. Je nach Laune luden sie den Gästen Stücke von Gans oder Truthahn auf den Teller. Oder sie verabreichten Würstel mit Kartoffelsalat. Sehr beliebt war ein Eintopf mit

Kartoffeln und Bohnen, roten Würsten und geräuchertem Speck. Davon organisierte der Rübezahl zwei große Teller und drückte einen Reinhold in die Hand.

Alle Sitzplätze waren belegt, also aßen sie im Stehen. Keine zwei Meter entfernt entdeckte Reinhold das Mädchen mit dem grün schillernden Minikleid. Sie drehte sich um und blickte dem jungen Mann direkt in die Augen. Er versuchte ein Lächeln, das ihm reichlich windschief geriet.

In dem Moment drängten sich drei ausgemergelte alte Frauen dazwischen, die in einen eifrigen Disput verstrickt waren. Der junge Mann wurde hellhörig, als die eine schrill kicherte. „Doch, hat mir Marte Maschunke selber gesagt. Der Mann ist Vorsteher am Stuttgarter Hauptbahnhof und die Frau hat eine Plantage in Brasilien."

„Die soll eine Plantage haben? Wie soll das denn zugehen?", zweifelte eine andere.

„Kann doch sein", behauptete die Dritte. „Wenn der Familie Tausende Daimler-Aktien gehören."

„Wieso Tausende?"

„Hat mir Marte Maschunke selber gesagt. Ein dickes Aktienpaket. Bestimmt sind die da im Aufsichtsrat."

„Naja, dann ..."

Nach dem Eintopf besorgte der Rübezahl noch Gans mit Knödeln und Blaukraut. Rotkohl, wie sie das hier nannten. Reinhold vertilgte auch das brav bis zum letzten Bissen. Es schmeckte hervorragend. Dann war er so vollgefressen, dass er kaum mehr schnaufen konnte.

„Wo ist eigentlich die Gastgeberin?“, fragte er stöhnend.

„Wenn sie schlau ist, hat sie sich in ihre privaten Gemächer zurückgezogen“, schmatzte der Rübezahl.

Mit einem Schwall junger Leute ließ Reinhold sich weitertreiben. An allen Ecken und Enden waren die Menschen dabei, ihre Geschenke auszupacken. Das Päckchen, das er in die Hosentasche gesteckt hatte, fiel ihm ein. Er holte es hervor und wickelte es vorsichtig aus. Zum Vorschein kam eine zierliche Espressotasse mit einem hauchfeinen Muster von bunten Blättern, die ein übermütiger Herbstwind rings um die Tasse zu blasen schien. Spontan fasste Reinhold den Entschluss, ab sofort zu einem fanatischen Espressotrinker zu werden.

Neugierig beobachtete er, was die anderen Menschen bekommen hatten. Da gab es knallbunte Socken, Zierkugeln für den Garten, geschmiedete Weinstellagen, geschnitzte Türschilder, punzierte Brieftaschen.

Bei einem weißhaarigen Herrn im dunkelblauen Zweireiher probierte er es wieder mit seiner Frage nach Tante Elvira. „Bin zum Glück nur angeheiratet“, lautete die fröhliche Antwort. „Meine Frau wüsste sicher Bescheid, aber die ist schon seit Stunden in einem der oberen Stockwerke verschollen. Oh, Vorsicht!“ Er machte einen raschen Schritt zur Seite, um dem Schnittlauchkopf auszuweichen, der quer durch das Zimmer torkelte, in jeder Hand einen vollen Glühweinbecher. Reinhold fing ihn geistesgegenwärtig auf, bekam dabei jedoch eine Ladung Glühwein über die gute Sonntagshose.

Da stand er wie ein begossener Pudel und hörte ungläubig, wie der Betrunkene ihn beschimpfte. „Kannst du nicht aufpassen, Tölpel?" Er hätte womöglich noch weiter gezetert, wäre er nicht von der blauen Presswurst am Arm gepackt und davon gezogen worden.

„Respekt!" Der Pferdeschwanz mit dem Mottenkugelgehrock zeigte lachend auf die feuchte Bescherung an Reinholds Beinkleidern. „Es scheint mir an der Zeit für uns beiden Hübschen, den angebrochenen Abend anderswo ausklingen zu lassen. Es wär gelacht, wenn nicht auch andere gastfreundliche Menschen an unserer Anwesenheit Gefallen finden könnten."

„Aber ich will ..., ich muss ..." Der junge Mann stammelte unbeholfen.

„Sieh dich um. Ist hier irgendetwas, das dich hält?"

Folgsam ließ Reinhold seinen Blick schweifen, vom Schnittlauchkopf in die gute Stube, wo auf der Eckbank der Rübezahl und Elsa Tomaschewski schnarchend den Schlaf des Gerechten schliefen. Sein Blick glitt über Hella von Sinnen und Whoopi Goldberg, die Arm in Arm am Stubenboden saßen und das Lied *Hoch auf dem gelben Wagen* trällerten. Er glitt die Treppe ins obere Stockwerk hinauf, wo das Mädchen mit dem grün schillernden Minikleid inbrünstig einen Hünen mit glattrasiertem Schädel und Springerstiefeln küsste. Glitt weiter zu dem Weiblein mit dem Stützstrumpf auf dem Kopf, das stolz sein Weihnachtsgeschenk von dannen schleppte. Das war eine Schüssel aus vergilbtem Porzellan mit allerlei Verzierungen ringsherum, die die Früchte des Gartens und des Feldes darzustellen versuchten. „Ich hab noch eine saubere Jeans im Rucksack", erklärte Reinhold tapfer und hastete treppab.

In der Kellerbar ging es hoch her. Soeben erzählte eine schrille Frauenstimme eine kurzweilige Geschichte über ein Ehepaar, das es durch Erbfall zu Mehrheitsaktionären der Daimler AG gebracht hatte. Die besaßen nicht nur etliche Wohnblocks in Stuttgart, sondern zudem in Brasilien einen Landstrich von der Größe Niedersachsens.

Beim Verlassen des Hauses bekam jeder von Schreinemakers noch ein mächtiges Stück Schmalzgebackenes aufgenötigt.

6

Der Schnee fiel in dicken Flocken.

Der Pferdeschwanz zauberte eine Zigarre aus seinem Gehrock und steckte seinem Begleiter auch eine zwischen die Zähne. Dann gab er Feuer. Reinhold nahm einen tiefen Zug, bekam einen Hustenanfall und musste grinsen. Noch schlechter als ihm eh schon war, konnte es ihm durch die Zigarre auch nicht mehr werden. Vom nahen Kirchturm schlug es dreiviertel zehn. Viertel vor zehn, wie sie das hier nannten.

Sie gingen drei Häuser weiter. Da machte der Pferdeschwanz ein Gartentor auf und stapfte durch den schneebedeckten Vorgarten. Reinhold tappte mit mulmigen Gefühlen hinterher. Man schneite doch nicht einfach an Heiligabend bei wildfremden Menschen herein. Er machte die Zigarre aus und steckte sie in seinen Rucksack.

Wieder ging es fünf Stufen hinauf zur Eingangstür und dann in einen geräumigen Flur. Auch hier drängten sich die Besucher. Und auch hier stand eine Frau und dirigierte sie energisch in verschiedene Richtungen. Der Pferdeschwanz bekam von ihr einen dicken Kuss auf die Backe. „Hallo Eginhart, schön, dass du endlich da bist. Bescherung ist vorüber, aber vom Punsch ist noch genügend da!“ Sie nahm den beiden Neuankömmlingen Mäntel und Gepäck ab, dann schob sie sie in die gute Stube.

Ehe Reinhold es sich versah, hatte ihm jemand ein Glas Punsch in die eine Hand gedrückt, eine Scheibe Weihnachtsfladen in die andere. Während er von dem Getränk nippte, ließ er seine Blicke neugierig schweifen. Die Menschen hier trugen vermutlich andere Namen und hatten andere Gesichter, aber sonst glichen sie aufs Haar den Menschen von dort, wo Reinhold gerade herkam. Es gab Frauen in grellen Versandhauskleidern, Männer in ausgeleierten Hochzeitsanzügen, zittrige Greise und quäkende Kleinkinder. Überall wurde gelacht und gequatscht, gegessen und getrunken. Die Stimmung schwankte auf halber Strecke zwischen ausgelassen und überreif.

Endlich hatte der junge Mann sein Gebäckstück niedergerungen. Vorsichtig fasste er sich an seinen vorstehenden Bauch und stöhnte. Er war sich ganz sicher: Noch ein einziger Bissen und er würde in tausend Fetzen zerplatzen.

„Bist du nicht Karlchen, Henning Nesselbachs Ältester?“ Ein Glatzkopf mit Knickerbocker fuchtelte ihm mit dem

Zeigefinger vor der Nase herum. „Wie geht es dem alten Henning immer? Ist er die Schreckschraube, was deine Mutter ist, endlich losgeworden? Oder macht sie ihm weiter die Hölle heiß wegen jedem klitzekleinen Pils, das er sich hinter die Binde gießt?"

Gerade wollte Reinhold ausholen zu einer erstaunlichen Geschichte über brasilianische Tanten und letztwillige Verfügungen, da wurde das Knickerbockermännchen von einer Schwarzhaarigen im zerknautschten Pepitakostüm auf die Seite geschoben. „Quatsch nicht, Opa Pachulke. Das ist nicht Karlchen Nesselbach, das sieht doch ein Blinder mit Krückstock." Und eine feine alte Dame in einem langen schwarzen Kleid meinte mit leiser Stimme: „Du hast recht, Karmelia, das ist einer von den Lindbüchls. Wenn ich mal raten darf, bist du der Reinhold?" Sie ergriff seine Hand und drückte sie mit knochigen Fingern. „Herzlich willkommen bei Appenbecks. Ich bin deine Tante Elvira. Lang genug hat es gedauert, bis wir endlich zusammengefunden haben."

Und die Pepita-Tante Karmelia fügte hinzu: „Wir haben uns schon gedacht, dass die Bahnverbindung am Weihnachtsabend eine Katastrophe ist. Wie schön, dass du zu guter Letzt angekommen bist. Wir haben schon beschert, aber für dich ist natürlich ein Geschenk beiseite gelegt."

„Das Geschenk kann warten", mischte sich die Großtante wieder ein. „Bestimmt ist der arme Kerl völlig ausgehungert. Geh doch gleich mal mit ihm in die Küche, Karmelia, und gib ihm eine ordentliche Portion von der Kartoffelsuppe. Und von dem Braten. Von dem Püree und den Schwarzwurzeln. Von der Mascarpone-Mango-Creme. Und schenk ihm Punsch ein. Wenn noch Schampus da ist, davon auch. Lass es dir schmecken, mein Junge. Keiner soll sagen, in Oedelum gäben sie den Gästen nicht ordentlich zu essen."

„Ja. Nein. Vielen Dank", stammelte der junge Mann. „Keiner wird das jemals über Oedelum behaupten. Das weiß ich ganz gewiss." Benommen stolperte er hinter dem Pepita-Kostüm her auf dem Weg in die Küche und blickte sich verstohlen nach einem Behältnis um, das er zur Not als Spucktüte verwenden könnte.

Jazzmusik

Als der Baum hinreichend gewürdigt, die feierliche Stimmung gebührend ausgekostet, als *Stille Nacht* gesungen und alle Plätzchensorten durchprobiert waren, kam der schwierigste Moment des Abends. Es ging an das Auspacken der Geschenke.

Seit Jahren hatte Olaf mit Paula eine Vereinbarung. Keine Berge von kostspieligen, aber unnützen Geschenken. Jeder besorgte für den anderen nur eine Kleinigkeit. Dabei gab er sich aber jede Mühe, eine besondere Überraschung auszuwählen.

Vorsichtig nahm Olaf das Paket auf, das Paula an seinen Platz gelegt hatte. Es hatte das Format eines Schuhkartons. Mit der Verpackung hatte sie sich wieder einmal selbst übertroffen. Marmoriertes Krepppapier in hellen Grüntönen wurde von einer dunkelgrünen Spagatschnur zusammengehalten. Zwischen die Schnur waren kleine Stechpalmenzweige mit roten Beeren eingeflochten. Er wollte gerade die Schleife aufziehen, da fasste ihn Paula am Arm. „Halt! Erst raten."

„Klar. Wollt ich eben machen." Das gehörte zum Ritual. Jeder musste vor dem Öffnen raten, was wohl der andere Geheimnisvolles eingepackt hatte.

„Schuhe", platzte Olaf heraus. Denn dies war die einzige Assoziation, die der Karton in ihm erweckt hatte.

„Was für Schuhe?", fragte Paula lauernd.

„Die geflochtenen Lederschuhe aus dem italienischen Schuhladen“, frohlockte Olaf siegessicher.

„Sieh nach!“

Vorsichtig löste er die Schleife, legte Spagat und Stechpalmen zur Seite. Wickelte behutsam den Karton aus dem Papier. Es war tatsächlich ein Schuhkarton. Doch für Schuhe war er viel zu leicht. Olaf hob den Deckel ab und blickte auf ein weiteres Paket, wiederum in marmoriertes Krepppapier gehüllt, diesmal in Orangetönen.

Das Paket hatte die Form einer CD. Schnell riss er das Papier herunter. Tatsächlich, es waren zwei Compact Disks. Sidney Bechet mit dem *Olympia Concert, Paris*. Und *Night Train* von Oscar Peterson. Er war sprachlos. Die erste suchte er seit Jahren. Und die andere hatte er erst vor zwei Wochen beim Beck in der Jazz-Abteilung in der Hand gehabt, hatte aber, da in diesem Monat sein Budget für außerplanmäßige Ausgaben weit überzogen war, den Kauf schweren Herzens verschoben. Jetzt hielt er ganz unverhofft diese beiden Schmuckstücke in den Händen.

Glücklich strahlte er Paula an. „Vielen, vielen Dank. Das ist das schönste Weihnachtsgeschenk, das ich mir vorstellen kann.“ Er umarmte sie und drückte sie fest an sich.

Sie löste sich aus seiner Umarmung und sah ihn argwöhnisch von unten herauf an.

Da war er, der Moment, vor dem er sich den ganzen Abend gefürchtet hatte. Paula war Europameisterin im Aussuchen der schönsten Geschenke. Und sie war Weltmeisterin darin, alles wieder durch ihren Argwohn kaputt zu machen.

Aber diesmal nicht. Dazu war Olaf wild entschlossen. Diesmal würde er sich nicht unterkriegen lassen. Schnell riss er die Zellophanhülle von der *Oscar Peterson*-CD. Er nahm die Scheibe mit den Weihnachtsliedern vom CD-Spieler und legte stattdessen seine neue Errungenschaft ein.

Das erste Lied, *Night Train*, tönte aus den Boxen. Olaf schloss die Augen und summte ein paar Takte mit.

Paula blickte ihm eine halbe Minute lang wortlos zu. Da platzte es aus ihr heraus: „Die andere gefällt dir nicht!“ Es war keine Frage. Es war eine Feststellung.

Es ging los. Jetzt musste er sehr behutsam sein.

„Und ob mir die andere gefällt! Das ist Sidney Bechet. Die freut mich so, dass ich die Vorfreude noch länger auskosten will. Und dann will ich sie mir konzentriert und in Ruhe anhören, damit ich alle Feinheiten mitbekomme.“

„Dann gefällt dir also die erste nicht! Sonst würdest du sie nicht jetzt während der Bescherung auflegen, wo du gar nicht richtig zuhören kannst.“

Er ergriff ihre Hand und drückte sie sanft. „Die erste gefällt mir so gut, dass ich es einfach nicht erwarten konnte, sie anzuhören. Ich musste sie sofort auflegen. Es war stärker als ich.“

Wieder summte er zwei Takte mit.

Paula rümpfte die Nase. „Das heißt also, du liebst diese CD mehr als mich.“

Mit aufgerissenen Augen schaute er sie entgeistert an.

„Natürlich“, setzte sie hinzu. „Sonst würdest du jetzt nicht diese CD anhören, anstatt dich mit mir zu freuen, wie ich mein Geschenk auspacke."

„Schatz, du weißt, dass ich dich mehr liebe als alles auf der Welt."

„Ich dachte, du liebst Jazzmusik."

„Aber nicht so sehr wie dich!"

„Dir gefallen also beide CDs nicht! Bei dem Abendessen bei Roland und Anja hast du behauptet, du liebst Jazzmusik. Womöglich war das nur so dahin geplappert. *Wow, obercool, Jazzmusik*. In echt ist dir diese Musik völlig gleichgültig."

„Ich liebe Jazzmusik. Aber das kann man natürlich nicht vergleichen mit meiner Liebe zu dir."

„Du liebst also Jazzmusik. Gut. Aber wohl nicht diese beiden Platten, die ich extra für dich ausgesucht habe. Ich habe mir Mühe gegeben. Habe nicht die erstbesten Scheiben aus dem Ständer mit den Sonderangeboten gezogen. Habe mich ausführlich beraten lassen. Es liegt mir nämlich sehr am Herzen, dir zu Weihnachten eine Freude zu machen. Man sagte mir, diese beiden Scheiben würden von Männern deiner Altersklasse immer sehr gerne gehört."

„Was soll das für eine Altersklasse sein?", fuhr es ihm gereizt heraus. Sofort bereute er seinen Einwurf. Das passte so gar nicht zu seinem Vorsatz, den Abend ohne Streit über die Bühne zu bringen. Gnädig ging sie über seine Frage hinweg.

„Wie hätte ich ahnen können, dass du, wenn du deine sagenhafte Liebe zur Jazzmusik vor dir herträgst, dabei an so sonderbare Auswüchse wie synthetischen Free Jazz denkst?"

„Aber ich denke ja gar nicht an Free Jazz!" Er hatte Mühe,

seine Lautstärke im Zaum zu halten. „Ich mag guten, sauberen, konventionellen Jazz. Mit so hervorragenden Interpreten wie Sidney Bechet und Oscar Peterson."

„Warum hörst du dann nicht zu, wenn schon mal einer deiner Lieblinge läuft?"

„Weil du mich ja nicht zuhören lässt. Weil du mich in irrwitzige Diskussionen verwickelst. Weil ich ein höflicher Mensch bin und auf deine Diskussionen eingehe."

„Natürlich!" Sie lachte gekränkt auf. „Jetzt bin ich wieder schuld, wenn der feine Herr sich nicht entscheiden kann, ob ihm mein Weihnachtsgeschenk nun Freude macht oder nicht. Dann sag doch, dass es ein Fehlkauf war. Sag, dass ich mich getäuscht, deine Signale falsch gedeutet habe. Ich kann Kritik vertragen. Ich bin nicht so eine Mimose wie du."

„Aber du hast dich nicht getäuscht. Du hast genau ins Schwarze getroffen."

„Mach dich nicht lächerlich. Ins Schwarze getroffen hätte ich, wenn ich die geflochtenen Lederschuhe vom Italiener gekauft hätte. Du hast es vorhin selber gesagt."

Er war völlig perplex. „Die Schuhe vom Italiener? Aber das hab ich doch nur gesagt, weil die Verpackung aussah wie ein Schuhkarton. Das heißt doch nicht, dass mir diese Schuhe auch nur annähernd so viel Freude bereitet hätten wie die beiden CDs."

„Warum hast du dann nicht auf die beiden CDs getippt, als du raten musstest?"

„Weil ich doch nicht ahnen konnte, dass du meinen innigsten Wunsch erfüllen würdest."

„Du hältst mich also nicht für fähig, dir einen lächerlichen Wunsch zu erfüllen? Danke, dass du es endlich offen ausprichst."

Olaf seufzte. Wie sehr hatte er sich vorgenommen, dieses eine Mal die Oberhand zu behalten. Aber gegen die aberwitzigen Sprünge ihrer Argumentation kam er einfach nicht an.

Hilflos streckte er die Waffen. „Wenn ich dir jetzt und hier gestehe, dass ich diese beiden CDs entsetzlich finde, dass ich darunter leide, dass du mir ein ums andere Mal die falschen Geschenke kaufst, dass ich Jazzmusik nicht ausstehen kann, nie ausstehen konnte und auch in 100 Jahren nicht werde ausstehen können, darf ich dann endlich diese wunderschöne Musik hören?"

„Na bitte. Warum nicht gleich!" Sie blickte ihn voller Mitgefühl an. „Weißt du Schatz, ich verstehe nicht, warum du dir selber das Leben immer so schwer machst. Würdest du gleich mit der Wahrheit herausrücken, dann könnten wir uns diese elenden Streitigkeiten sparen und hätten viel mehr Freude am Leben."

Sie drückte ihm einen Kuss auf den Mund und machte sich daran, ihr eigenes Geschenk auszupacken.

„Halt, erst raten", mahnte er.

Ohne einen Blick auf die voluminöse Verpackung in der Größe eines Medizinballs zu werfen, sagte sie leichthin: „Eau de Parfume, *Giò* von Armani, 100 ml-Flacon."

Resigniert nickte er mit dem Kopf.

Das Fest im fünften Stock

1

Kufrian wartete nicht auf sein Gepäck. Ohne Schirm und Mantel hetzte er dem Ausgang des Flughafengebäudes zu. Der Taxifahrer machte die Fahrt seines Lebens. Scherte sich nicht um Geschwindigkeitsbegrenzungen und dunkelgelbe Ampeln. Kam mit einer Vollbremsung vor dem Portal des Krankenhauses zum Stehen. Hastig drückte Kufrian dem Mann zwei große Scheine in die Hand. Er eilte durch die Eingangshalle und dann – immer zwei Stufen auf einmal – die Treppen hinauf in den dritten Stock. Keuchend rannte er den Gang entlang, sah von weitem die beiden Ärzte vor Mariannes Zimmer stehen. Sah ihre Mienen. Wusste, noch ehe er sie erreicht hatte: Er kam zu spät.

Gerade noch hatte Kufrian Schmerzen verspürt. Gerade noch hatte er feststellen können, ob es kalt war oder warm. Gerade noch hatte er gerochen, gehört und geschmeckt. Und auf einmal war nichts mehr um ihn herum als nur noch ein unfassbarer Nebel. Er setzte hilflos einen Fuß vor den anderen, wankte über Treppen und durch Flure, tappte weiter, links herum oder rechts herum. Es war egal. Er wusste nicht, ob eine Minute verstrichen war oder eine Stunde, wusste nicht, wo er war und wohin er ging.

2

„Wenn Sie die Güte hätten, möchte ich jetzt gehen.“ Wie von weit her drangen die Worte an Kufrians Ohr. Benommen blickte er auf. Er saß vor dem Krankenhaus auf einer Parkbank. Die Novembersonne stand als fahler Fleck hinter schmutziggrauen Wolken.

Langsam drehte er den Kopf zur Seite und gewahrte einen Mann, alt, spindeldürr, mit schräg gestelltem Kopf. „Sie haben – gewiss ohne Vorsatz – meine Aktenmappe mit Beschlag belegt.“ Ein heiserer Singsang. Der Sprecher deutete mit dem Kinn auf eine Schweinsledermappe, die unter Kufrians Oberschenkel eingeklemmt war.

„Verzeihung. Ich wollte nicht ...“ Mit einer ungelenken Bewegung rutschte Kufrian zur Seite.

Der Fremde räusperte sich. „Der Verlust eines geliebten Menschen ist ein Ereignis, auf das einen das Leben – sonderlich in jüngeren Jahren – nicht hinreichend vorzubereiten pflegt.“

„Woher wissen Sie ...?“

„Es ergab sich, dass ich selber einige Erfahrungen zu sammeln gezwungen war, die mir zu ersparen ich dem Leben dankbar gewesen wäre.“

„Ja dann ...“ Die Aktentasche war frei. Der andere konnte gehen.

„Ich hoffe, ich belästige Sie nicht über Gebühr, wenn ich Ihnen meine Karte überlasse. Scheuen Sie sich nicht, von der aufgedruckten Nummer Gebrauch zu machen. An Weihnachten vielleicht. Wir könnten den Heiligen Abend gemeinsam verbringen.“

Der Fremde stand auf, knöpfte seinen Lodenmantel vom obersten bis zum untersten Knopf zu und machte einen Diener. „Vernachlässigen Sie bitte nicht die Fürsorge für Ihre Person. Sie sollten eine der unzureichenden Temperatur angemessene Kleidung wählen." Er drehte sich auf dem Absatz um und hinkte in schlingernden Bewegungen den Kiesweg entlang.

Kufrian starrte ihm verwundert nach. Dann blickte er auf das Kärtchen. „Erpfendecker", stand da in zierlichen Buchstaben, „23 01 754". Sonst nichts. Ein seltsamer Heiliger.

Aber in einem Punkt hatte er recht. Es war in der Tat empfindlich kühl geworden. Und es roch nach Schnee. Zögernd, mit müden Schritten, machte sich Kufrian auf den Heimweg.

3

Es war, als hätte jemand aus dem Antriebsrad seines Lebens einen Zahn herausgebrochen. Er fand nicht mehr seinen gewohnten Tritt. Die vertrauten Handgriffe des Alltags waren kaum zu bewältigen. Die Stille in der Einsamkeit der Nacht wurde zur Qual. Er wollte weinen und hatte keine Tränen. Es fehlte ihm die Kraft, seine Ohnmacht mit Arbeit zu vertreiben. Er sagte alle Termine ab und nahm Urlaub auf unbestimmte Zeit.

Für Ewigkeiten starrte er auf die Kleider in Mariannes Schrank, ihr Strickzeug, ihren Kaffeebecher.

Die Wohnung war angefüllt mit Gegenständen, die ihn in jeder Sekunde an sie erinnerten. Doch er brachte nicht den Mut auf, diese Dinge von den Orten zu verbannen, die Marianne ihnen zugewiesen hatte.

Oft, wenn er nachts keinen Schlaf fand, glotzte er in die Dunkelheit und stellte sich die immer gleiche Frage: Warum hatte er es nie geschafft, ihr zu sagen, was für ein wundervoller, einzigartiger Mensch sie war?

Damals, vor zwölf Jahren, in der aufregenden Zeit des ersten Verliebtseins, hatte er sie mit Komplimenten überhäuft. Hatte sich einen Spaß daraus gemacht, sie durch Schmeicheleien zum Erröten zu bringen.

Wie die meisten Frischverliebten hatten sie große Pläne geschmiedet. Von Reisen in alle fünf Kontinente hatte Marianne geträumt. War begierig gewesen, die Menschen aller Länder kennenzulernen, Geschichten zu schreiben über das, was sie mit ihnen verband und was sie von ihnen lernen konnte. Kufrian hatte versprochen, mit der Fotokamera seinen Teil beizusteuern.

Aber dann war auf leisen Sohlen seine Karriere gekommen. Die Arbeit als Unternehmensberater in einer weltweit tätigen Consulting-Firma hatte ihn in ihre Klauen bekommen, hatte ihn eisern festgehalten und nicht mehr losgelassen. Die ersten Erfolge waren keine Eintagsfliegen geblieben. Eine Gier hatte ihn ergriffen. Er wollte schlauer, besser, schneller sein als alle anderen. Wollte die nächste Stufe erklimmen, die übernächste und nochmals eine mehr. Immer häufiger arbeitete er ganze Nächte hindurch, war auch an den Wochenenden für die Firma unterwegs. Badete in Ansehen und Anerkennung. Fieberte, genoss den Stress, war süchtig nach immer neuen, immer größeren Herausforderungen.

Doch über all dem hatte er nicht den Blick bewahrt für die Frau an seiner Seite. Durchaus missgönnte sie ihm seine Triumphe nicht, doch längst hatte sie erkannt, dass sie keine belangvolle Rolle mehr spielte in seinem Leben. Sie hatte vor seiner Besessenheit nach Macht kapituliert, wortlos, ohne Vorwürfe zu erheben. Hatte sich zurückgezogen in ein Schneckenhaus. Weigerte sich, reduziert zu werden auf eine nobel aufgeputzte Begleiterin für gesellschaftliche Kundenveranstaltungen.

Und dann war – auch das auf leisen Sohlen – ihre Krankheit gekommen. Da hätte er das Ruder noch herumreißen können. Hätte zu ihr stehen können in ihrer Not. Hätte ihr seine Liebe belegen können durch Beistand in ihrem qualvollen Kampf gegen das Geschwür. Doch dazu hatte er nicht die Stärke aufgebracht, hatte – all seinen bejubelten Erfolgen zum Hohn – bei der einzig wirklichen Herausforderung, die das Leben ihm abverlangte, jämmerlich versagt.

Nacht für Nacht saß er auf Mariannes Lieblingsplatz, dem safrangelben Ohrensessel, um den sie sich so gerne gestritten hatten. Schenkte sich Rotwein ein und versuchte, seine störrischen Gedanken auf die Reihe zu bekommen. Manchmal ertappte er sich dabei, dass er eine Melodie summte, ein immer gleiches Lied. Marianne hatte es gesungen, wenn sie aufgekratzt war. Und wenn sie Kummer hatte. Vergebens sann Kufrian auf den Text. Unzählige Male hatte er ihn gehört, hatte ihm aber keine Beachtung geschenkt. Wie er auch Marianne zu wenig Beachtung geschenkt hatte.

Niemals blieb es in diesen nächtlichen Stunden bei einer Flasche Wein, oft nicht einmal bei zweien. Kufrian begann zu verwahrlosen. Er duschte und rasierte sich nicht mehr, wechselte nur noch selten sein Gewand. Oft nahm er tagelang keinen Bissen zu sich, verschlang dann literweise Ravioli oder Eintopf, lauwarm, direkt aus der Dose. In der Küche türmte sich der Müll, der Stapel ungelesener Zeitungen wuchs ins Uferlose, Rechnungen blieben unbezahlt.

Es war ihm gleichgültig.

4

Am 21. Dezember klingelte das Telefon.

„Es liegt nicht in meiner Absicht, Sie zu belästigen. Doch würde ich gerne wissen, ob Sie sich meinen Vorschlag haben durch den Kopf gehen lassen?"

Die hohe, heisere Stimme hatte Kufrian schon einmal gehört. „Welchen Vorschlag?", fragte er missgelaunt.

„Das Weihnachtsfest. Wir könnten es gemeinsam verbringen. Unterschätzen Sie das nicht. Wer das nicht erlebt hat, ahnt nicht, was es bedeutet, an diesem Tag allein zu sein."

Erpfendecker. Jetzt fiel Kufrian der Name ein. Mochten die Götter wissen, woher der die Nummer hatte.

„Vielen Dank für Ihr Angebot, doch ich hab schon das eine oder andere vor", antwortete Kufrian ausweichend.

„Wir sind bei Freunden eingeladen. Ich hole Sie ab. Wäre 16 Uhr 15 genehm?"

„Nein, nein", fuhr Kufrian unwillig dazwischen. „Ich sagte, ich bin verplant."

„Dann also bis Donnerstag. Ich freue mich." Der Fremde hatte aufgelegt.

5

Der Trambahnwagen war überheizt. Kufrian rang nach Luft. Das letzte Stück mussten sie zu Fuß gehen. Das konnte er besser aushalten. Der Weg war von schwarzgefleckten Schneeresten gesäumt.

Kufrian war nicht in der Stimmung, etwas zu unternehmen. Zum wiederholten Mal fragte er sich, warum er es nicht geschafft hatte, diesem Menschen die Tür vor der Nase zuzuschlagen. Wollte er, dass ein anderer die Verantwortung für seine Schritte übernahm?

Natürlich hatte er seinen hinkenden Begleiter nach den Umständen ihres Besuchs gefragt. Der gab sich wortkarg. „Schliephaake", grunzte er. Damit konnte Kufrian nichts anfangen.

Schliephaake wohnte in der Juliusvorstadt, Klarissenstraße Hundertirgendwas. Der Altbau hatte seine besten Zeiten lange hinter sich. Das Treppenhaus war in furchterregendem Giftgrün gestrichen und roch nach Bohnerwachs. Schmiedeeisernes Treppengeländer, Emailschilder neben den Klingelknöpfen, Blumentöpfe auf Bastuntersetzern. Schliephaake wohnte im obersten, fünften Stockwerk. Nach 115 ausgetretenen Holzstiegen hechelte Erpfendecker besorgniserregend.

Schliephaakes Wohnungstür erinnerte mit ihren roten und weißen Streifen an die Fensterläden einer österreichischen

Burg. Dafür fehlte eine Klingel. „Das mindert den Schwung der Zeitschriftenwerber und Versicherungsvertreter“, kommentierte Erpfendecker ungefragt.

In diesem Augenblick flog die Tür auf. Ein Koloss von einem Mann füllte die Türöffnung vollständig aus. Sein meerblauer Morgenmantel war mir roten Seepferden übersät.

„Erpfendecker!“ Die tiefe, dröhnende Stimme passte zu dem Riesen, der jetzt das dürre Männchen an den Schultern packte und in die Höhe hob. „Gut schaust du aus. Hast du endlich zugenommen?“

Statt einer Antwort deutete Erpfendecker auf seinen Begleiter und presste hervor: „Das ist der Kufrian. Er kann Klavier spielen.“

„Bierorgel, eine halbe Weise voraus! Ad primam!“ Schliephaake brach in ein wieherndes Lachen aus.

Kufrian wollte widersprechen. Natürlich hatte er vom Klavierspielen ebenso wenig Ahnung wie von der Bedienung eines anderen Musikinstruments. Erpfendecker wischte seinen Protest mit einer Handbewegung beiseite.

Der Gastgeber trat zur Seite und ließ sie eintreten.

Das war kein Flur, das war eine Halle. Fünf Meter breit, zwölf Meter lang und vier Meter hoch. Die Wände waren mit rotem Klinker gefliest, die gewölbte Decke mit Reetbündeln ausgekleidet. Das ganze sah aus wie ein umgestülptes Bauernhaus aus dem Friesischen.

Rings an den Wänden gab es Türen und Fenster aus weißem Holz. An den Fensterbrettern hingen Blumenkästen mit

Hortensien. Der Dielenboden war mit einer Sandschicht bedeckt. Zwischen Strandkörben waren an Stangen Netze zum Trocknen aufgehängt. Wie aus weiter Ferne erklang das Kreischen von Möwen. Dazwischen tönte ein Nebelhorn.

Der Gastgeber nahm ihnen die Mäntel ab und verstaute sie in einer eisenbeschlagenen Seemannskiste. Erpfendecker trug einen Smoking mit Fliege, Kufrian hatte mit einem dunkelblauen Büroanzug vorlieb genommen. Immerhin war er frisch geduscht und zum ersten Mal seit Wochen rasiert. Schliephaake lachte und deutete auf seinen abgewetzten Morgenmantel. „Sogleich! Aber dann!"

„Wo ist der Zivcovic?", wollte Erpfendecker wissen.

„Besorgt die Geschenke. Der müsste längst zurück sein." Schwungvoll drehte sich der Hüne auf dem Absatz herum, durchmaß mit raschen Schritten die Halle und verschwand durch eine Tür mit Bauernmalerei.

Etwas Feuchtes tropfte auf Kufrians Stirne. Möwendreck.

6

„Spannung oder Entspannung?", stellte Erpfendecker zur Auswahl. Weil Kufrian ihn verständnislos anstarrte, fügte er hinzu „Nun gut, bezähmen wir unsere Ungeduld, bis der Meister persönlich uns in die Geheimnisse seines Refugiums einweiht."

Kufrian beschloss, sich nicht weiter zu wundern. „Wer ist der Zivcovic?", fragte er stattdessen mürrisch.

„Vertrauter, Faktotum, Beichtvater, Prügelknabe."

Von Westen her kam Wind auf. Er wehte den Geruch von

Fisch und Algen durch den Raum. „Hätten wir nicht auch Geschenke mitbringen sollen?“, gab Kufrian zu bedenken.

„Wofür halten Sie mich?“ Erpfendeckers Entrüstung war echt. Aus den Tiefen seiner Hosentasche zog er ein grünlackiertes Holzkästchen hervor und ließ den Deckel aufschnappen. Das Kästchen enthielt kleine braune Körner. „Edelweißsamen. Eine wunderbare Sache. Es geht nicht um den Wert, sondern um die Geste. Da sind sie alle ganz verrückt danach.“

„Wo sind alle ganz verrückt danach?“ Schliephaake war lautlos herangetreten. Er trug eine Admiralsuniform mit Schulterklappen und Goldgeschnür. An der Seite baumelte ein Säbel. Auf seinem weißhaarigen Schädel thronte ein Zweispitz, dessen Rand mit einer Reihe silberglänzender Fischschwänze eingesäumt war.

„Nach was zum Trinken natürlich. Was dachtest du denn?“ Erpfendecker ließ das Holzschächtelchen verschwinden.

„Sollt ihr haben. Irgendeinen speziellen Wunsch, der junge Herr?“

„Was das betrifft, fällt mein Geschmack nicht aus dem Rahmen“, murmelte Kufrian ohne sonderliches Interesse.

Wieder bellte der Hausherr sein grobes Lachen. Sein Wanst hüpfte auf und ab. „Was das betrifft, wird der Rahmen einzig durch die Grenzen unserer Fantasie gesteckt. Hat der junge Herr Fantasie?“, wendete er sich an Erpfendecker.

„Wie könnte er sonst Klavier spielen?“

„Man müsste Klavier spielen können,
wer Klavier spielt hat Glück bei den Frau‘n,
denn nur er kann mit Tönen

den lauschenden Schönen
ein Luftschloss der Liebe erbau'n ..."

Schliephaake trällerte ein paar Takte des alten Schlagers, bis ihm der Text ausging.

„Mir nach!", kommandierte er und steuerte auf eine Tür zu, die mit geschnitzten Ornamenten verziert war. Erpfendecker winkte Kufrian, ihm zu folgen.

7

Sie gelangten in eine Urwaldwelt. Pflanzen umschlossen den Raum, kletterten an den Wänden empor und bildeten unter der hohen Zimmerdecke ein geschlossenes Blätterdach. Zypressen, Mahagonibäume und Palisander waren überwuchert von einem Flechtwert aus Lianen. Orchideen wanden sich um die Stämme der Baumriesen. Zwei Pfade führten davon und verloren sich bald in einem undurchdringlichen Dickicht. Von Ferne drangen Laute von Urwaldtieren heran, das Zirpen von Grillen und Zikaden, das Kreischen von Papageien, das kichernde Gelächter von Brüllaffen.

Im Vordergrund war eine Lichtung ausgespart. Hier stand ein runder Holztisch, an dem mehr als ein Dutzend Menschen Platz finden konnten. Zwei Gestalten erhoben sich von einer kreisförmigen Bank. Schmächtig und geduckt der eine, hochaufgewachsen und muskelbepackt der andere. Beide waren in helle Sommeranzüge gekleidet. Schliephaake stellte den ersten als Herrn Zach, den zweiten als Herrn Hirschvogel vor.

Hinter einem mannshohen Farn holte der Gastgeber ein Tablett mit Steingutbechern und einen Krug dampfender

Flüssigkeit hervor. Er füllte die Becher und verteilte sie ringsum. Es duftete nach Zimt und Nelken.

„Kommen noch andere Gäste?“, wollte Kufrian mit Blick auf überzählige Becher wissen.

„Wenn es nett ist, stößt gerne noch der eine oder andere hinzu. Und dass es nett wird, wollen wir hoffen.“ Schliephaake lachte. Er deutete wieder auf Kufrian und fragte: „Kennt er die Trengschat?“

„Kennt überhaupt wer die Trengschat?“, gab Erpfendecker zurück.

„Die Trengschat wird dir gefallen, junger Herr. Falls sie sich frei machen kann. Von ihrem Abgrund von einem Ehemann. Dieser misslungenen Karikatur auf das menschliche Geschlecht.“ Er hatte sich in Rage geredet, eilte erregt auf und ab. Plötzlich blieb er stehen. „Ihr entschuldigt mich, soeben kommen neue Gäste.“ Schon war er zur Tür hinaus.

Erpfendecker hob seinen Becher, sie stießen an. Der Trank schmeckte schwer und würzig, weniger süß, als man es von den Ständen auf den Weihnachtsmärkten kannte. Der schmächtige Herr Zach verschluckte sich und bekam einen Hustenanfall.

Nicht weit entfernt ertönte im Gebüsch das Trompeten eines Elefanten.

„Wer ist die Trengschat?“, erkundigte sich Kufrian.

„Schliephaakes Traum und Albtraum.“

Kufrian seufzte. War es zu viel verlangt, ein einziges Mal auf eine Frage eine brauchbare Antwort zu erhalten? Welcher

Teufel hatte ihn geritten, mit diesem Geheimniskrämer zu dieser bizarren Feier zu gehen?

Erpfendecker meinte sanft: „Wenn Ihr erst hinreichend vom Flair dieses Festes durchdrungen seid …"

„Nicht jeder hat Verlangen nach solchem Flair", unterbrach Kufrian unwirsch.

„Da bin ich ohne Sorge. Der Appetit kommt mit dem Essen. Und das gilt für nichts so trefflich wie für den sinnesverwirrenden Zauber von Schliephaakes Weihnachtsfeiern."

Erpfendecker nahm einen tiefen Zug und schnalzte mit der Zunge. „Ah, wir erhalten Zuwachs. Wenn das nicht Feingluth mit seiner Bagage ist."

Hinter einem Steineibengestrüpp traten zwei Männer und zwei Frauen hervor. Ein hochgewachsener Greis mit einem Kranz schlohweißer Haare schüttelte Erpfendecker die Hand. Er stellte seine Begleiter als Frau Lautenschlager und Herrn Dr. Lautenschlager sowie Baronesse von Achbach vor.

„Von Achbach", wiederholte Erpfendecker, „ich erinnere mich. Der fleischgewordene Männertraum."

Kufrian musste zugeben, dass diese Worte nicht nur dahingesagt waren. Die junge Frau war in der Tat eine Schönheit. Strahlende Augen in einem schmalen Gesicht. Kupferfarbene Haare fielen in Wellen bis weit über die Schultern hinab. Ein Kleid aus grünen Pailletten, hochgeschlitzt, mit tiefem Rückendekolleté setzte die sportliche Figur raffiniert in Szene.

Die versammelten Menschen machten es sich um den runden Tisch bequem, nur Kufrian blieb trotzig stehen. Da erschien wie aus dem Nichts ein Mann, kleinwüchsig und von dunkler Hautfarbe. Sein schmaler Schädel war kahlgeschoren, seine Ohren waren auffallend winzig. Das linke kleiner noch als das rechte. Er konnte ebenso gut in den Dreißigern wie in den Sechzigern stehen. Er trug die Livree eines hochherrschaftlichen Bediensteten, roséfarben mit silbernen Bordüren. Von einem überdimensionalen Tablett verteilte er Porzellanteller an die Gäste, darauf waren Speisen kunstvoll drapiert. Dazu erhielt jeder eine Seidenserviette und goldenes Besteck. „Blutwurststrudel mit gebratener Jakobsmuschel", erklärte der Kahle mit feierlichem Nachdruck. Sein harter Akzent verwies auf osteuropäische Herkunft.

Für eine Weile senkte sich Schweigen über die Runde. Kufrian hatte eigentlich keinen Appetit, doch als er aus Anstand Platz nahm und einen Bissen kostete, gab es kein Halten mehr. Gabel um Gabel schob er in den Mund. Schließlich kratzte er noch den letzten Krümel von seinem Teller. Er hatte zu den Zeiten seines Berufslebens beileibe an vielen opulenten Fest- und Geschäftsessen in aller Herren Ländern teilgenommen. Doch eine Köstlichkeit wie diese Vorspeise war ihm schier noch nicht untergekommen.

„Erpfendecker, du musst dir unbedingt den Drachensaal ansehen." Feingluth warf vor Begeisterung beide Hände in die Luft. „Da hat sich unser Gastgeber wieder selber übertroffen. Wir wollen uns sputen, bevor die anderen Gäste den Raum füllen." Er stand mit einem Ächzen auf, fasste Erpfendecker am Arm und zog ihn mit sich zur Tür. Frau Lautenschlager, eine Matrone von monumentalen Ausmaßen, folgte den beiden.

8

Kufrian lehnte sich zurück und schloss für einen Moment die Augen.

„Wir sollten auch etwas unternehmen", forderte Dr. Lautenschlager. In puncto Korpulenz war er seiner Frau ebenbürtig. Sein fettglänzendes Gesicht war von Koteletten eingerahmt, die bis an sein Doppelkinn reichten.

Die Baronesse stimmte begeistert zu. „Es drängt mich, den Geheimnissen dieses Urwalds auf die Schliche zu kommen."

Kufrian hatte keine Lust. Zu nichts. Doch er scheute sich, den Spielverderber zu geben. Und er war zu müde, um zu erklären, warum er lieber allein geblieben wäre. Also erhob er sich wortlos. Hirschvogel und Zach taten es ihm gleich.

Lautenschlager übernahm die Führung und wählte den linken Trampelpfad, der zwischen gewaltigen Zypressen hindurch führte. Üppiges Elefantengras wuchs zu beiden Seiten des Wegs. In der Nähe ertönte das furchteinflößende Gebrüll eines Urwaldsumpfbüffels.

Mit gemischten Gefühlen tappte Kufrian hinter den anderen her. Der Pflanzenbewuchs wurde immer dichter. Aus den Tiefen seines Tornisters hatte Lautenschlager eine Machete hervorgezaubert und hieb mit ungelenken Bewegungen auf die wuchernden Schlinggewächse ein. Hirschvogel entwand ihm die Waffe und setzte sich an die Spitze des Zugs. Gleich ging es flotter voran.

Schrilles Kreischen über ihren Köpfen ließ sie aufblicken. Ein Schatten flitzte über sie hinweg und brach in Geschnatter aus. Lautenschlager wischte sich mit einem Taschentuch über das Gesicht. In der Tat herrschten tropische Temperaturen.

Sie hatten etwa 100 Meter zurückgelegt, da teilte sich vor ihnen das Dickicht und ein blonder Jüngling brach sich Bahn. Sein schulterlanges Haar war zu zwei Zöpfen geflochten, ebenso der Vollbart. Hinter ihm zwängten sich eine Frau und drei weitere Männer durch das Gebüsch. Sie alle trugen kaftanartige Gewänder. Die Baronesse stieß einen Freudenschrei aus und fiel dem Blonden um den Hals. Auch Lautenschlager schien die jungen Leute zu kennen. Man begrüßte sich und tauschte Küsschen aus. Kufrian stand abseits und wurde ignoriert. *Recht so*, dachte er, als sich seine Begleiter der Kaftangruppe anschlossen und ohne weiteren Gruß auf dem Weg zurückgingen, den sie gerade gekommen waren.

Dem Drang, ihnen erneut hinterherzutrotten, widerstand Kufrian mit Leichtigkeit. Er folgte der Schneise, die der Zopfjüngling geschlagen hatte. Noch immer drang das Brüllen, Pfeifen und Kreischen von Tieren an sein Ohr, doch schienen die Geräusche nun weiter entfernt zu sein. Ein mächtiger Baum, mit Tausenden von purpurroten Blüten übersät, breitete seine Zweige weit nach allen Richtungen aus. Hier verzweigte sich der Pfad. Kufrian entschied sich für den rechten Weg. Immer häufiger zog er sein Taschentuch aus der Hosentasche, um den Schweiß von Stirne und Nase zu wischen.

„Was tu ich hier eigentlich?“, stöhnte er. „Ist heute nicht Weihnachten? Da sollte ich alleine zuhause sein und an meinem Schmerz leiden.“ Abrupt machte er auf dem Absatz kehrt und ging den Weg zurück. Sonderbar, die Pflanzen links und rechts sahen anders aus als noch vor wenigen Augenblicken. Längst müsste er bei der Weggabelung angekommen sein, doch von dem Purpurblütenbaum war weit und breit nichts zu sehen. Kufrian beschleunigte seine Schritte. Unruhe hatte ihn ergriffen. Er hastete zehn, zwölf Meter weiter, blieb unschlüssig stehen und änderte abermals seine Richtung.

„Vielleicht entscheidest du erst, wohin du willst, bevor du deine Beine in Bewegung setzt.“ Kufrian fuhr herum. Neben einer Sagopalme stand eine Frau. Hochgewachsen, blond. Die Züge zierlich, madonnenhaft. Die Figur üppig. Das tiefausgeschnittenen Seidenkleid nahezu lasziv.

„Du kannst den Mund wieder zumachen, Süßer, sonst fliegt dir noch eine Tsetsefliege hinein. Du willst dir doch bestimmt den Appetit nicht verderben.“

„Glaube kaum, dass ich zum nächsten Gang bleibe.“

Sie musterte ihn mit spöttischer Miene von oben bis unten. „Aus welcher Anstalt bist du denn entsprungen, Süßer?“

„Ich bin aus Versehen hier.“

„Bei Schliephaakes Fest gibt es kein Versehen. Schreib dir das hinter die Ohren.“

„Verdammt noch mal!“ Jetzt platzte Kufrian der Kragen. „Schliephaakes Fest! Wenn ich das höre. Schliephaakes Fest kann mir gestohlen bleiben! Ich soll wohl voller Demut auf den Knien herumrutschen und aller Welt die Füße küssen, dass ich so was Feines erleben darf. Ich wollte nicht her. Und ich will nicht bleiben. Ist das so schwer zu kapieren?“

„Olala, da hat aber einer schlechte Laune. Welche Laus ist

dir über die Leber gelaufen?"

„Geht Sie nichts an, Frau ..."

„Larissa Etsch."

„Gut, Frau Etsch. Wenn Sie mir bitte sagen, wo ich den Ausgang finde."

Sie zog eine Schnute und sagte schnippisch: „Geradeaus. Bei dem Totempfahl links durchs Unterholz. Dann kannst du die Hütte schon sehen." Sprach's, drehte sich um und war zwischen den tiefhängenden Blättern verschwunden.

Der Totempfahl war ein grob behauener Pflock mit einer Fratze an seinem oberen Ende. Kufrian verließ den Pfad. Zweige schlugen ihm ins Gesicht. Er war keine drei Minuten unterwegs, da öffnete sich das Dickicht zu einer Lichtung, auf der eine windschiefe Holzhütte stand. Er umrundete sie einmal, dann öffnete er die Tür und trat ein.

9

Anstatt in einem schäbigen Schuppen fand Kufrian sich in der Eingangshalle wieder, in der Schliephaake sie begrüßt hatte. Der Boden war schneebedeckt, an den Fenstern hingen lange Eiszapfen. In einen Strandkorb hatte jemand einen Schneemann und eine Schneefrau gesetzt.

Durch die Eingangstür drang ein Strom von Besuchern herein. Sie trugen Smokings und Cocktailkleider, Trachten und Uniformen, Jeans und Arbeitsgewänder. Kufrian hörte Platt, Sächsisch, Schwäbisch, Englisch, Französisch, Spanisch und manche Sprache, die er nicht zuordnen konnte.

Ein Raunen ging durch die Menge. Es bildete sich eine Gasse, durch die ein goldverzierter Pferdeschlitten gefahren kam, der geradewegs aus dem Marstall der Wittelsbacher Könige zu stammen schien. Statt Pferden waren sechs livrierte Diener vorgespannt. In der Mitte des Raumes hielt der Schlitten an und der Fahrgast, ein Nikolaus im goldverbrämten Bischofsgewand mit Mitra und Stab, erhob sich feierlich. Das war niemand anderes als Schliephaake, der Gastgeber.

Er hob den rechten Arm, augenblicklich trat Stille ein.

„Liebe Freunde, es erfüllt mich mit Stolz und Freude, dass ihr so zahlreich zu meiner kleinen Feier erschienen seid. Weihnachten gilt als das Fest des Schenkens. Doch nicht der materielle Wert zählt. Das Geschenk ist Symbol der Zuneigung zu einer lieben Kreatur. Wann immer ihr am heutigen Abend einem Menschen begegnet, der euch nicht gleichgültig ist, macht ein Geschenk und drückt ihm so eure Gewogenheit aus!“

Fröhlich schallte sein Gelächter, als der beleibte Nikolaus von seinem Schlitten herab stieg, in einen Leinensack griff und geschnitzte Nikolausfiguren an einige der umstehenden Gäste verteilte. Da kam Bewegung in die Menschen in der Halle. Beinahe jeder holte aus seiner Sakkotasche, seinem Beutel, seiner Handtasche etwas heraus, um es einem anderen als Geschenk zu überreichen.

Kufrian war es nicht wohl in seiner Haut. Außer einigen wichtigen Geschäftspartnern hatte er seit Jahren niemanden mehr beschenkt. Und bei denen war es um andere Interessen gegangen als um Gewogenheit oder Zuneigung. Was hätte er hier verschenken sollen? Und an wen? Von Erpfendecker war weit und breit nichts zu sehen. Schliephaake wurde ohnehin reichlich bedacht. Und sonst kannte er keinen und war auch nicht neugierig darauf, jemanden kennen zu lernen.

Zwei Meter entfernt kramte eine alte Frau in der Tasche ihrer Kittelschürze. Mit feierlicher Miene kam sie auf Kufrian zu, lächelte verlegen und drückte ihm einen Gegenstand in die Hand. Es war ein winziger Engel, aus einer Buchecker gebastelt, mit feinen Flügeln und einem Heiligenschein. Kufrian wollte das Geschenk zurückweisen, wollte den Irrtum aufklären, denn um einen solchen musste es sich handeln. Aber während er noch stammelte, machte die Frau einen Knicks, drehte sich um und schlurfte davon. Verwirrt schob Kufrian den Engel in die Außentasche seines Sakkos.

10

Was hatte er hier verloren bei dieser Ansammlung absonderlicher Menschen mit all ihren Peinlichkeiten, in die er auf Schritt und Tritt verwickelt wurde?

Er brauchte seinen Mantel. Und er musste sich verabschieden. Von Erpfendecker. Und Schliephaake. Zumindest von einem von beiden. Den Mantel hatte der Gastgeber in eine Seemannskiste gelegt. Kufrian hatte sie genau vor Augen. An der Stelle, an der sie gestanden hatte, befand sich jetzt eine Garderobennische mit Reihen dicht behängter Kleiderständer. Ein Mädchen in einem blauen Minikleid nahm hinter einem Tresen die Mäntel der Besucher entgegen und händigte ihnen Metallplättchen mit den Garderobennummern aus.

Eine Schlange von Menschen stand geduldig an.

Kufrian hatte keine Lust, sich ebenfalls anzustellen. Wer sagte denn, dass sein Mantel überhaupt hier war. Eine Garderobenmarke konnte er jedenfalls nicht vorweisen.

Wo kam eigentlich diese Garderobe plötzlich her? Die samtbezogenen Sitzbänke an den Wänden? Die Treppen, die an den Seiten des Raumes nach oben führten? „Zu den Rängen", „Zum Balkon" stand auf goldfarbenen Schildern. Marmorne Podeste trugen die Büsten großer Komponisten, Gluck und Puccini, Verdi und Bizet. Kufrian blickte an die Decke. Zwischen aufwändigem Stuck hing ein Kristalllüster mit Hunderten schneeweißer Wachskerzen. Neben einer Doppeltür bot ein Logenschließer in königsblauer Livree Operngläser und Programmhefte feil. Wenn Kufrian sich nicht täuschte, war es hier vor Kurzem noch in einen rätselhaften Urwald gegangen.

Soeben schlenderte Schliephaake mit einigen Begleitern an dem Logenschließer vorbei. Ohne lange zu überlegen eilte Kufrian hinterher.

Er befand sich im Parkett eines Operntheaters. Auch hier hing ein Kronleuchter von der Decke herab, noch gewaltiger als der im Foyer. Die Bühne war mit einem schweren, rotsamtenen Vorhang verhüllt. Erwartungsvolle Spannung wie vor einer großen Premiere lag in der Luft. Die Stuhlreihen begannen sich zu füllen.

Schliephaake hatte einige Besucher in der vordersten Reihe begrüßt. Jetzt steuerte er auf eine Tür an der gegenüberliegenden Saalseite zu. Hastig zwängte sich Kufrian durch die nächstgelegene Reihe, entschuldigte sich bei den Besuchern, die ihn vorüber ließen. Gerade hatte sich die Tür hinter dem Gastgeber geschlossen, da griff Kufrian nach der Klinke und drückte sie herunter. Schob die schwere Tür gerade weit genug auf, um sich hindurch zu zwängen.

11

Es war eine Musikkneipe. Linkerhand gab es einen langen Bartresen, gegenüber eine Bühne. Weder Stühle noch Tische bot der Raum, sondern nur freie Fläche, bis zum letzten Platz gefüllt mit einer begeisterten Menschenmenge, die ausgelassen hüpfte und tanzte. Fünf Gestalten auf der Bühne heizten den Besuchern mit Fidel und Tuba, Ziehharmonika, Klarinette und Kontrabass ordentlich ein. Die Musiker trugen schwarze Nadelstreifenanzüge und roten Nelken im Knopfloch. Osteuropäische Zigeunermusik war das, feurige, mitreißende Rhythmen, irgendwo angesiedelt zwischen Klezmer, Brass und Jazz.

Kufrian drehte und streckte sich, doch von Schliephaake war nichts zu sehen. Neue Gäste schoben Kufrian in den Raum hinein. Im Nu steckte er in der Menge fest und wurde mit ihr hin und her getrieben. Der Schweiß der Menschen dampfte zur Decke.

Eine korpulente Walküre mit gewaltigem Busen packte Kufrian mit beiden Händen an den Ohren und drückte ihm einen Schmatz auf die Lippen. Unter anderen Umständen hätte ihn das abgestoßen. Jetzt stellte er erstaunt fest, wie aus der Tiefe seines verkrampften Bauches heraus eine absurde Belustigung in ihm aufstieg.

Begierig saugte er die Musik auf, wippte im Takt, fühlte sich zu seiner Verblüffung wohl dabei. Ein fettleibiger Mensch in einem fadenscheinigen Gehrock zwängte sich vorbei, in jeder Hand eine volle Flasche Bier. Die eine drückte er Kufrian in die Hand und stieß sogleich mit ihm an. Kufrian schüttete einen tiefen Schluck in seine Kehle, merkte erst beim Trinken, wie durstig er war.

Für eine Sekunde tat sich ein Spalt in der Menge auf und weit entfernt war Erpfendecker zu sehen, der etwas an die Umstehenden verteilte. Kufrian drückte die Bierflasche einer Krankenschwester in die Hand und drängte sich vorwärts. Überall stieß er auf Besucher, die Zellstoffﬂeckchen mit Edelweißsamen in den Händen hielten.

Mit beiden Armen teilte Kufrian eine Gruppe von Leuten, machte zwei schnelle Schritte, blieb mit dem Fuß an einem Gegenstand hängen, der da am Boden lag. Er stolperte, verlor das Gleichgewicht und stürzte der Länge nach in ein Menschenknäuel. Mit einem Aufschrei sprangen zwei Männer zur Seite, andere versuchten ihn aufzufangen, was einer jungen Frau in einem himmelblauen Abendkleid schließlich gelang. Sie bekam ihn unter den Armen zu fassen, gab ihm Halt, damit er nicht vollends auf den Boden knallte. Mit hochrotem Kopf richtete er sich auf. Er blickte der Frau ins Gesicht. Ein heilloser Schreck fuhr ihm in die Glieder. Die Knie gaben nach. Er griff zur Seite, hielt sich an der Schulter eines wildfremden Menschen fest, um nicht umzusinken. „Marianne!“, wollte er sagen, aber das Wort blieb ihm im Hals stecken.

Mit offenem Mund starrte er die Frau an, die sich lächelnd umdrehte und mit ihren Begleitern in der Menge verschwand. Da endlich fiel die Lähmung von Kufrian ab. Er fuhr sich mit der Hand über die Augen. „Marianne“, flüsterte er, und noch einmal, lauter: „Marianne!“

Er musste sich getäuscht haben. Seine Fantasie hatte ihm einen Streich gespielt. Zu keinem klaren Gedanken fähig, wankte er ein paar Schritte hinter der Frau her. Für einen Moment drehte sie sich zurück. Das konnte kein Irrtum sein.

„Ma-ri-an-neee!” Kufrian brüllte den Namen so laut er konnte. Wild rudernd arbeitete er sich durch das Gedränge, strauchelte, fing sich, hastete weiter, rempelte und wurde gerempelt. „Verzeihung! Entschuldigung! Autsch!“ Ohne Rücksicht auf sich und andere kämpfte er sich vorwärts. Nahm Beschimpfungen und Proteste, Gelächter und Knüffe in Kauf. Noch zweimal erspähte er den Haarschopf der jungen Frau in der Menge, dann sah er, wie sie den Saal durch einen Seiteneingang verließ.

Sekunden später war Kufrian ebenfalls an der Stelle. Es schien sein Schicksal zu sein, dass alle Leute durch Türen verschwanden, und er kam immer zu spät.

12

Seine zaghaft gesetzten Schritte versanken in weichem Moos. Der Mond schien taghell. Er stand auf einer hügeligen Almwiese. Zerklüftete Felsbrocken ragten alle paar Meter aus dem Gras hervor. Zwischen Latschen hindurch führte ein Trampelpfad. Alpenveilchen wuchsen hier, Disteln und Enzian zwischen getrockneten Kuhfladen. Frischer Wind blies ihm ins Gesicht, trieb Fetzen von Nebel mit sich. In der Ferne Geläut von Kuhglocken.

Kufrian stolperte vorwärts. Das Gelände fiel nach links hin ab, endete in einem Abhang. Aus einem Brunnen, der aus einem ausgehöhlten Baumstamm gezimmert war, strömte Quellwasser hervor. Kufrian nahm einige Schlucke, ließ sich das eisige Wasser über die Handgelenke laufen.

Dann folgte er dem Pfad. Es ging steil bergauf. Ein Wegweiser versprach einen Almgasthof in 90 Minuten, gutbürgerliche Küche, Montag Ruhetag. Soweit hinauf hatte Kufrian eigentlich nicht gewollt. Hier gab es nichts als karge Hochgebirgslandschaft. Lieber drehte er um, ging den Weg zurück. Erst langsam, dann schneller. Schließlich rannte er mit großen Sprüngen bergab, vorbei an dem Brunnen, an Latschen und Enzian. Der Nebel hatte zugenommen. Wenn er nicht aufpasste, würde er über die Felswand hinunterstürzen. Ängstlich bremste er ab.

Glucksendes Lachen hinter seinem Rücken ließ ihn herumfahren. „Ist da wer?“, presste er hervor. Erneutes Lachen.

Unsicher machte er drei Schritte auf das Geräusch zu. Ein Windstoß lichtete den Nebel. Auf einem mannshohen Felsbrocken, keine zwei Meter entfernt, saß eine junge Frau, strahlte Kufrian fröhlich an.

„Ich komme Ihnen wohl komisch vor?“, fragte er gereizt.

„Wie sollten Sie nicht? Sie sehen zu köstlich aus, wie Sie im Anzug über Schliephaakes Almwiese stolpern."

„Es freut mich, zu Ihrer Unterhaltung beizutragen."

Er musterte die Gestalt von Kopf bis Fuß. Ein bisschen fühlte er sich wie der Soldat in dem Märchen vom Feuerzeug. Der hatte zunächst Kupfermünzen gefunden, dann Silber, zuletzt Gold. Kufrian war zuerst auf die bildhübsche Baronesse von Achbach gestoßen, dann auf die verführerische Larissa Etsch und schließlich auf dieses Wesen, das die beiden anderen noch in den Schatten stellte. Kurze, dunkelbraune Haare, hohe Wangenknochen, schrägstehende, schwarze Augen, sonnengebräunte Haut. Dazu eine schlanke, wohlgeformte Figur. Auch sie trug ein Abendkleid, bronzefarben mit Spagettiträgern. Ihre Stimme klang weich und angenehm, als wäre sie seit langem vertraut.

Unter langen Wimpern heraus musterte sie ihn ebenfalls. „Sie haben Sorge im Blick", sagte sie leise. „Das sollte nicht sein an einem Tag wie diesem."

„Manchmal kann man es sich nicht aussuchen. Es wird Zeit, dass ich nach Hause gehe und die Menschen hier mit ihrer Fröhlichkeit alleine lasse."

„Aber etwas hält Sie zurück. Der Zauber von Schliephaakes Einfällen? Die kulinarischen Köstlichkeiten? Oder am Ende eine schöne Frau?"

Kufrian zögerte, musste sich über die Antwort selber erst schlüssig werden. „Ich fürchte, es ist eine Frau."

„Die Etsch oder die Achbach?"

„Sie heißt Marianne. Nein, so heißt sie vermutlich nicht.

Aber so könnte sie heißen. Ich habe sie nur für einen Moment gesehen. Das war wie ein Blick in eine andere Welt."

„Ein Rätsel? Ich liebe Rätsel über alles." Sie lachte wieder ihr helles Lachen.

„Sie werden mich für verrückt halten."

„Glauben Sie, dass irgendjemand auf diesem Fest das Recht hat, einen anderen für verrückt zu halten?"

Kufrian ließ den Blick über die Bergrücken schweifen. „Marianne war meine Frau. Ich habe ihr das Schlimmste angetan, das man einem geliebten Menschen antun kann. Ich habe sie aus meinem Leben entgleiten lassen. Jetzt ist sie tot. Und mein Leben mit ihr."

„Und die Frau hier auf dem Fest?"

„Wohl eine Laune der Natur. Sie gleicht Marianne wie ein Ei dem anderen. Die gleichen Haare, die gleichen Augen, das gleiche zarte, traurige, fröhliche, über alles geliebte Gesicht."

„Sie werden sie finden!"

„Auf diesem Fest?" Er warf ihr einen skeptischen Blick zu. „Ich wär froh, wenn ich den Ausgang aus dieser vermaledeiten Bergwelt finden könnte. Selbst dazu reicht es nicht."

„Dabei zumindest kann ich behilflich sein." Mit einer eleganten Bewegung glitt sie von ihrem steinernen Sitz herab, nahm Kufrian bei der Hand und führte ihn ohne weitere Worte um den Felsen herum. An der Rückseite fiel das Gelände erneut ab. Von verkrüppelten Nadelgehölzen verdeckt gab es eine Öffnung. Dahinein führte sie ihn.

Sie kamen an einen Bretterverschlag. Stimmengewirr und Musik drangen dahinter hervor. Kufrian schob den Verschlag zur Seite und ließ seiner schönen Begleiterin den Vortritt.

13

Sie waren in einem hell erleuchteten Festsaal. Viele hundert Kerzen brannten in Leuchtern an den Wänden und unter der stuckverzierten Decke. Raumhohe Spiegel an beiden Seiten des Saales vervielfachten den Lichterglanz. Auf einem Balkon in der Mitte der Längsseite saß ein Streichorchester, die Musiker trugen weiß gepuderte Perücken.

Auch von den Besuchern im Raum waren viele mit Perücken geschmückt. Aufwändige Rokokogewänder beherrschten das Bild, doch auch Fräcke, Smokings und Abendroben, selbst einfache Straßenanzüge waren zu sehen.

An der Stirnseite des Saales war aus lackiertem Holz ein Podest errichtet. Darauf stand ein Koloss von einem Medizinmann, der so gar nicht in diese vornehme Gesellschaft passte. Eine furchteinflößende Maske aus dem Schädel eines Löwen machte Schliephaakes Züge beinahe unkenntlich.

„Ein Nilpferdschädel hätte besser gepasst", kicherte die Dunkelhaarige an Kufrians Seite.

Der Medizinmann stampfte mit einem monströsen Stab dreimal auf. „So lautet denn mein zweiter Auftrag an euch: Seid heiter, tanzt und springt und vergesst die Sorgen der Welt. Sollte ich einen erblicken, der nicht vor Frohsinn überschäumt, werde ich ihn eigenhändig zum Überschäumen bringen."

Er winkte dem Orchester, und dieses spielte einen flotten Galopp. Ringsherum ergriff sich jeder einen Partner und drehte sich im Takt der Musik durch den Saal. Kufrian fühlte sich verpflichtet, seine neue Bekannte zum Tanz aufzufordern, doch schon stürzten sechs, sieben Kavaliere zu der schönen Frau. Ein bulliger Schiffsoffizier in weißer Galauniform machte das Rennen und führte die Dame zum Reigen. Kufrian trat zur Seite, um den herumwirbelnden Paaren nicht im Weg zu stehen. Aufmerksam ließ er die Blicke schweifen, hoffte, die Frau zu entdecken, die Marianne so ähnlich sah.

Das Orchester beendete das Stück und spielte einen Tusch. Die Tänzer spendeten Beifall und machten die Tanzfläche frei.

Da taten sich an der Stirnseite des Saals die Flügel einer Tür auf und im Laufschritt erschienen zwei Dutzend Kellner in Frack und Fliege. Jeder von ihnen trug einen Tisch. Sie stellten die Tische in vier Linien auf und verschwanden wieder, um Stühle zu holen. Ehe man es sich versah, kamen weiße Damasttischdecken, Teller, Gläser und Besteck hinzu. Das alles ging so blitzschnell, war so präzise choreografiert, dass es eine Lust war, dabei zuzusehen.

Erneut trat der kahle Zeremonienmeister mit den kleinen Ohren in Aktion. „Mesdames et Messieurs, es ist mir ein Vergnügen, ihnen den zweiten Gang zu präsentieren. Schaumsuppe von rotem Thaicurry mit Wachtelsaté und zweierlei Sesam. Ich wünsche guten Appetit und bekömmliche Unterhaltung."

Auf sein Zeichen begannen die Kellner, die Gäste zu ihren Plätzen zu führen. Kufrian wurde von dem Kahlen persönlich an einen Tisch in der Mitte des Raumes geleitet. Hier saß ein rundlicher, rotgesichtiger Mann mit gelben Haaren, der sich in einen viel zu engen Smoking gepresst hatte. Die Frau daneben hatte die gleiche Gesichts- und Haarfarbe, auch sie war kugelrund. Letzter in der Runde war Herr Zach, der es übernahm, die Tischnachbarn einander vorzustellen. Herr Zawadka betrieb eine Groß-Fleischerei in Paderborn. Seine Frau kramte aus ihrer voluminösen Handtasche ein Pillendöschen hervor. Bei dem Versuch, es zu öffnen, entglitt es ihr und rollte unter den Tisch. Diensteifrig schob Kufrian seinen Stuhl zurück, um sich zu bücken. Dabei kollidierte er mit einem Gast vom Nebentisch. Ächzend wandte er sich um. „Erpfendecker", hustete Kufrian.

„Meine Verehrung, der junge Herr", antwortete der Angesprochene mit einer Verbeugung. „Und meine Hochachtung für die Eroberung." Er deutete zwei Tische weiter, wo die junge Frau von der Almwiese alle Hände voll zu tun hatte, die Aufmerksamkeiten einer Schar von Verehrern abzuwehren. „Sie schätzt Sie", versicherte Erpfendecker.

„Wird das noch was mit den Pillen?", wollte Zach ungeduldig wissen.

„Sogleich!" Kufrian hob das Pillendöschen auf und legte es auf den Tisch. Als er sich wieder nach Erpfendecker umdrehte, war der wie vom Erdboden verschluckt. Auch von der dunkelhaarigen Schönheit war nichts mehr zu sehen.

Kufrian blieb keine Gelegenheit, sich zu wundern, denn in diesem Moment wurde die angekündigte Suppe aufgetragen. Die gab genug Anlass zur Verwunderung. Nie im Leben hätte Kufrian gedacht, dass es möglich sei, eine derart raffinierte Speise herzustellen. Er verspürte ein nie gekanntes Gefühl der Begeisterung, ja der Erregtheit. Er aß langsam und mit Bedacht, kostete Löffel für Löffel voll aus.

„Kennen Sie Gerstenbrei?", platzte in diesem Moment andächtigen Genusses der rotgesichtige Herr Zawadka in die Runde. „Gerstenbrei mit Graupen. Das mussten wir im Internat immer essen. Bei den Barmherzigen Schwestern. Eine fade Pampe mit undefinierbaren Klumpen drin, meistens zerkocht und angebrannt. Ich hatte eine ausgeprägte Abscheu gegen diese häufige Speise. Aber das musste runter. Keiner durfte den Speisesaal verlassen, der seinen Brei nicht restlos aufgegessen hatte. Da war Einfallsreichtum bei der Entsorgung gefragt. Wir schaufelten die Pampe in unsere Federmäppchen und Turnbeutel, nur damit wir raus durften. Aber nicht jeder kam auf so glorreiche Ideen. Manch einer hat ganze Nachmittage am Mittagstisch verbracht, weil er nicht aufessen konnte."

Kufrian mühte pflichtschuldig ein Lächeln in seine Mundwinkel.

Da flüsterte es ganz nah an seinem Ohr: „Du scheinst deine Aversion gegen das Fest in den Griff bekommen zu haben."

Verdattert fuhr er herum. Nur wenige Zentimeter von seiner Nasenspitze entfernt sah er das lächelnde Gesicht der blonden Frau aus dem Urwald.

„Larissa Etsch", entfuhr es ihm.

„Ganz genau, Süßer. Und? Willst du den Rest des Abends in dieser aufregenden Gesellschaft verbringen? Oder könnte es dich reizen, mit mir durch die Säle zu ziehen?“

Ein kurzer Blick auf die schweinchenfarbenen Eheleute, Kufrians Entschluss stand fest. Immerhin bot ein Streifzug durch die Säle die Chance, die andere Marianne wiederzufinden.

14

An vielen Tischen brachen die Menschen gleichzeitig auf. Kufrian und seine Begleiterin schlossen sich dem Strom an. Nach wenigen Schritten erreichten sie die Eingangshalle der Wohnung. Aus vielen Richtungen strömten Menschen herbei und verteilten sich wieder durch allerlei Türen. Im Nu hatte Kufrian die Etsch in der Menge verloren. „Auch recht“, sagte er und ließ sich weitertreiben.

Ein paar Schritte vor ihm stolzierte Schliephaake, in die Fellmontur eines kanadischen Holzfällers gekleidet. In jedem Arm hielt er eine leicht bekleidete Saloontänzerin. Alle drei lachten aus vollem Halse und verschwanden durch eine Tür mit der Aufschrift „Privat“.

Kufrian folgte einer Gruppe von Japanern unter Führung einer winzigen Frau, die einen Zeigestab mit Fähnchen in die Höhe hielt. Sie zwängten sich durch einen Samtvorhang und landeten in einer engen Gasse mit Kopfsteinpflaster. Auf beiden Seiten standen windschiefe Steinhäuser, geradeaus führten Stufen zum Portal einer schneeweißen Basilika hinauf. Die Japaner strömten hinein und Kufrian mit ihnen. Dämmeriges Licht drang durch bunte Glasfenster, es roch nach Weihrauch. Die Wände der Kirche waren mit Fresken in kräftigen Farben bedeckt. Allesamt zeigten sie Szenen aus dem Alten Testament. An Ketten hingen metallene Öllampen von der Decke herab. In den Bänken des Mittelschiffs knieten einige schwarz gekleidete Frauen und beteten.

Die Japaner verließen die Kirche auf der gegenüberliegenden Seite. Einer Eingebung folgend verharrte Kufrian im Seitenschiff, steckte einen Geldschein in eine Sammeldose und entzündete eine Kerze für Marianne. Dann trat auch er durch eine Seitenpforte ins Freie.

Natürlich hatte er sich vorgenommen, sich nicht mehr überraschen zu lassen. Und doch stockte ihm der Atem, als er unmittelbar aus dem Gotteshaus in ein brodelndes Bierzelt geriet. Auf einer Bühne spielte eine Trachtenkapelle den Defiliermarsch. Dralle Kellnerinnen schleppten Arme voll Maßkrüge durch die Menge. Die meisten Menschen standen auf den Bänken und schunkelten im Takt. Am Rand einer Tischreihe gewahrte Kufrian Dr. Lautenschlager mit der Baronesse von Achbach auf seinem Schoß.

Kufrian verspürte wenig Neigung, von den beiden entdeckt zu werden. Er wandte sich ab und versuchte, die turbulente Örtlichkeit hinter sich zu lassen. Aber das war leichter gesagt als getan. Nur mit Mühe konnte er sich durch das Getümmel quetschen. Eine Bäckersfrau hängte ihm ein Lebkuchenherz um den Hals. Ein Jugendlicher in der Uniform der Freiwilligen Feuerwehr schenkte ihm eine Plastikrose vom Schießstand. Endlich erreichte er den Zeltausgang am anderen Ende. Ohne einen Blick zurück schob er sich durch die Tür hinaus.

Manches hätte er nach der überschäumenden Volksfeststimmung erwartet, doch niemals den ehrfurchtgebietenden Raum, in den er jetzt gelangte. Das war eine Bibliothek, bis unter die hohe Decke mit dicken, in Schweinsleder gebundenen Folianten angefüllt. Weitere Säle schlossen sich an, und jeder war mit Büchern bis zum letzten Fleck vollgestellt.

Aus dem hintersten Raum der Bibliothek verschlug es Kufrian in einen Ballettsaal, in dem halbwüchsige Mädchen an der Stange Plié und Demi-Plié in der ersten und dritten Position übten. Wieder und immer wieder an diesem Abend schritt Kufrian durch eine Tür.

15

Er gelangte auf einen Weihnachtsmarkt. In der Mitte stand ein Christbaum, viele Meter hoch, reich geschmückt mit Hunderten leuchtender Kerzen. Um den Baum waren etwa fünfzehn Holzbuden im Kreis platziert. Schnee fiel in dicken Flocken. Der Duft von gebrannten Mandeln, gebratenen Würsten und Glühwein hing in der Luft.

Ein knochiger Weihnachtsmann, dem statt eines Rauschebarts nur ein paar fadenscheinige Haare am Kinn hingen, schob sich durch die Menge. Er hatte einen Bauchladen umgehängt. „Weihnachtsmänner, schöööööööne, schöne Weihnachtsmänner!“, brüllte er und schellte mit einer Glocke an einem Stil. „Weihnachtsmänner, schöööööööne, schöne Weihnachtsmänner!“ Unmittelbar vor Kufrian blieb er stehen. „Einen schönen Weihnachtsmann, der Herr?“

„Oh, nein danke.“

„Hat er denn einmal einen Blick auf die Kostbarkeiten riskiert?“ Der Mann wies mit einladender Bewegung auf den Inhalt seines Bauchladens. Da gab es Salz- und Pfefferstreuer in der Form von Weihnachtsmännern, ebenso Korkenzieher, Flaschenöffner und Eieruhren. Es gab Weihnachtsmänner aus Radiergummi, aus Seife und aus Kerzenwachs.

„Ich fürchte“, stammelte Kufrian, „dafür habe ich im Moment keine Verwendung.“

„Keine Verwendung? Jeder hat Verwendung. Und sei es als Geschenk. Für die Angebetete, um ihre Liebe zu erringen. Um das Urahndl zu erfreuen. Um die Gläubiger bei Laune zu halten. Geschenke für alle Anlässe und Gelegenheiten. Schööööne, schöne Weihnachtsmänner.“

„Ich fürchte, ich habe kein Geld bei mir“, sagte Kufrian.

„Geld? Ist das alles, was Euch einfällt? Hier wird nicht mit Geld bezahlt. Auf dem ganzen Weihnachtsmarkt könnt Ihr für alles Geld der Welt nichts erstehen.“

„Aber womit bezahlt man dann für diese Waren?“

„Oh es reicht, wenn Ihr etwas von eurem Besten zum Besten gebt. Ein kleines Liedchen vielleicht. Ein Zauberkunststück. Eine Pantomime. Ihr dürft auch improvisieren. Alles, was den Menschen Freude bereitet, bringt euch Lohn. Seht ihr das Mütterchen dort? Sie brachte einem Generaldirektor das Stricken bei. Der Bärtige im Blaumann lehrte eine Gräfin, das Abflussrohr zu reparieren. Ein Zahnarzt flickte einen Fahrradreifen. Ein Postbote schiente einem Knaben das verletzte Bein. Sie alle erhalten von den Schätzen auf diesem Markt.“

„Aber ich kann weder stricken noch schienen. Noch weiß ich mit Abflussrohren Bescheid.“

„Ihr werdet doch zu etwas im Stande sein, woran andere eine Freude haben."

Kufrian dachte an die Firmenkäufe und Gesellschaftsübernahmen, die er in die Wege geleitet hatte. Dachte an Börsengänge und den Handel mit Firmenmänteln insolventer Gesellschaften. Traurig schüttelte er den Kopf. „So was kann ich nicht."

„Es braucht nicht viel. Es reicht, wenn ihr jemandem zuhört, der von seinem Leid erzählt. Wenn ihr einen Knopf annäht. Für ein verliebtes Mädchen einen Liebesbrief verfasst."

„Ich fürchte, nein." Kufrian tat einen Schritt zur Seite. Dann noch einen. Dann ließ er den Alten vollends stehen und zwängte sich weiter durch die Menge.

Aufmerksam ließ er seine Blicke über die Buden schweifen. Da gab es einen Stand mit winzigen Schneemännern aus echtem Schnee. Es gab Glasbläser und Punzierer, Krippenschnitzer und Kunstschlosser, Kaligraphen und Soßenrührer, Gold- und Silberschmiede und eine Show mit dressierten Mäusen. An einem Stand löste ein Junge mit Panzerglasbrille anderen Jugendlichen ihre Mathematikaufgaben. Eine Frau mit Strubbelhaar stellte im Handumdrehen Salben für kleine und große Zipperlein her. Und ein verschrumpeltes Männchen reparierte binnen fünf Minuten jede mechanische Armbanduhr.

Nein! Kufrian kniff unwillig seine Lippen zusammen. Er machte sich doch hier nicht vor allen Menschen zum Kasper.

Hinter einem Stand mit Papierblumen gewahrte er eine

Schiebetür aus verrostetem Blech. Er schob sie zur Seite und machte einen großen Schritt über die Schwelle.

16

„Können Sie nicht aufpassen?" Eine fettleibige Frau fuhr ihn an.

„Verzeihung!" Er war ihr auf den Fuß gestiegen, machte einen hastigen Schritt zur Seite und rammte dabei einem Mann das Knie in den Oberschenkel. Wieder wollte er ausweichen und taumelte in eine Gruppe kichernder Mädchen.

„Zurückbleiben, bitte!" Mit einem Zischen schloss sich die Tür. Kufrian war in einem voll besetzten U-Bahn-Waggon. Der Boden unter seinen Füßen vibrierte, als der Zug anfuhr. Die Glücklichen, die einen Sitzplatz ergattert hatten, lasen in der Abendzeitung oder in einem Buch. Zwei Frauen strickten. Jugendliche tippten eifrig auf ihren Smartphones.

Eine sanfte Computerstimme sagte die nächste Haltestelle an. Es war ein vielsilbiger Name, den Kufrian nie zuvor gehört hatte. Die Bahn kam zum Stehen.

Ein Jungmanager im dunklen Dreiteiler klappte seinen Rindslederaktenkoffer einen Spalt weit auf und holte einen Gegenstand hervor. Mit einem Lächeln drückte er ihn Kufrian in die Hand, drehte sich um und verließ die U-Bahn. Verdutzt betrachtete Kufrian das neuerliche Geschenk. Es war ein winziger Skarabäus, geschnitzt aus einem orangefarbenen Stein. „Danke", stammelte er, aber das konnte der andere längst nicht mehr hören.

Die U-Bahn setzte sich wieder in Bewegung.

„Nächster Halt: Bahnhof Ludwigspromenade. Aussteigen in Fahrtrichtung rechts."

„Wenn Sie bitte so lieb sein könnten ..." Eine schwangere Frau zeigte auf einen Reisekoffer über sich in der Gepäckablage. Kufrian streckte sich, packte den Koffer am Griff und an der Seite und wuchtete ihn herunter. „Vielen Dank, das war sehr nett."

Mit anderen Passagieren verließ auch Kufrian den Wagen. Er folgte einem breiten Bahnsteig mit Zuganzeigen und Abfahrtsplänen. Zwischen Zeitungskiosken und Proviantständen hindurch ging es in eine Bahnhofshalle mit gewaltiger Kuppel.

Kreuz und quer drängten sich Reisende durcheinander. In der Menge entstand Unruhe. Es gab Gelächter und Hochrufe. Auf einer Draisine wurde der Bahnhofsvorsteher mit roter Mütze und Trillerpfeife herein geschoben. Natürlich war das Schliephaake. Augenblicklich trat Ruhe ein im weiten Rund. Der Gastgeber erhob seine Stimme. „Neben Weib und Wein ist es nicht zuletzt der Gesang, der stets unsere Herzen mit Freude erfüllt." Er gab mit der Kelle den Einsatz, und aus hundert Kehlen ertönte das Lied *Die Gedanken sind frei*. Mit unbehaglichen Gefühlen stand Kufrian mittendrin und sang als einziger nicht mit.

Als das Lied vorüber war, klatschten alle begeistert in die Hände. Kufrian wich einem untersetzten Dienstmann aus, der ihm auf die Schulter klopfen wollte. Da gewahrte er zwanzig Schritte entfernt in der Menge die andere Marianne.

Man bekommt selten im Leben eine zweite Chance. Doch wenn, dann muss man sie nutzen. Behutsam setzte er einen Fuß vor den anderen, umrundete alle im Wege stehenden Passanten und näherte sich vorsichtig der jungen Frau. Jetzt konnte er sie genauer betrachten als in der schummrigen Musikkneipe. Die Ähnlichkeit war verblüffend. Eine Idee schmaler war sie vielleicht. Und jünger. Sonst gab es keinen Unterschied. Sie unterhielt sich mit zwei älteren Frauen und lachte mehrmals herzhaft auf. Das war das gleiche fröhliche, unbeschwerte Lachen, das er an Marianne in den frühen Jahren ihrer gemeinsamen Zeit so geliebt hatte.

Noch vier Meter war er entfernt, jetzt noch zwei. Da drang von rechts das Geschnatter heller Stimmen an sein Ohr. Er wollte ausweichen, aber es war zu spät. Die japanische Reisegruppe rollte über ihn hinweg und riss ihn unbarmherzig mit sich davon. Eingekeilt zwischen kleinwüchsigen Asiaten in absurden Teenager-Klamotten musste er der Fremdenführerin folgen, ob er wollte oder nicht. Als sich Kufrian endlich aus dem Pulk befreit hatte, war die andere Marianne über alle Berge. Hastig lief er ein paar Schritte zu den Gleisen hin, zwängte sich durch Liebespaare, die sich verabschiedeten, durch Familien, die sich begrüßten. Doch von der jungen Frau fehlte jede Spur.

17

Benommen stolperte Kufrian weiter. Durch eine Glastür neben dem Fahrkartenschalter landete er erneut in dem hinreichend vertrauten Opernfoyer. Überall waren Tische aufgebaut. Soeben wurde der dritte Gang aufgetragen. Selbstverständlich ließ es sich der Kahlköpfige mit den kleinen Ohren nicht nehmen, die Gerichte feierlich anzukündigen. „Pfälzer Wirsingkrautwickel mit Flusszander und rosa Forelle in Siebeldinger Weißburgunder Sektsauce".

Kufrian wurde an einen Tisch geführt. Hier saß schon die Baronesse von Achbach mit zwei Herren, einem schneeweißen Charakterkopf und einem glutäugigen Latino. Die beiden wetteiferten um die Aufmerksamkeit der Dame, überschütteten sie mit Komplimenten.

Kufrian zog es vor, sich der erlesenen Speise zu widmen. Wieder wurde er von der Raffinesse des Gerichts verzaubert. Wenn er bei der Suppe gemeint hatte, das Geschmackserlebnis sei nicht steigerungsfähig, sah er sich jetzt eines Besseren belehrt.

Obwohl auf beiden Seiten von Verehrern eingerahmt, fasste die Baronesse Kufrians mangelndes Interesse an ihrer Person als Ungebührlichkeit auf. „Sie widmen sich dem Essen, als würde es da, wo Sie herkommen, nur Brot und Wasser geben", sagte sie schnippisch.

„Ganz recht", murmelte Kufrian, schob bedächtig den letzten Bissen des Zanders in den Mund.

Er hatte kaum die Serviette auf den leeren Teller gelegt, da ertönte vom hinteren Teil der Halle ohrenbetäubender Lärm. Mit röhrendem Motor kam ein Harley-Chopper im Schritttempo durch die Menge gefahren. Blankpoliertes Chrom und schwarzes Leder zogen alle Blicke an. Die Gäste sprangen von den Stühlen auf und drängten sich, um von der

Darbietung nichts zu versäumen. Zu seiner eigenen Verblüffung folgte Kufrian ihrem Beispiel.

Der Biker, ein Drei-Zentner-Hüne, richtete sich im Sattel seiner E-Glide-Ultra auf und befahl mit Schliephaakes kräftiger Stimme: „So hört meinen dritten Auftrag für diesen Abend: Wozu wäre das Leben geschaffen, wenn nicht dazu, unsere Lust auszuleben. Drum küsst einander mit aller Inbrunst, zu der ihr fähig seid.“ Wie um seine Worte zu unterstreichen zog der Rocker ein Weib mit üppig gefülltem Mieder zu sich heran und zelebrierte mit ihr einen so innigen Kuss, dass den Gästen vom schieren Zusehen der Atem wegblieb.

Unsicher blickte Kufrian sich um. Da gab es etliche, die der Aufforderung des Gastgebers auf der Stelle Folge leisteten, manche verstohlen, andere hemmungslos. Er selbst fühlte sich nicht angesprochen. Zum einen sah er sich weiterhin als Zaungast auf diesem Fest. Zum anderen fehlte ihm jede Lust, mit wildfremden Menschen Zärtlichkeiten auszutauschen.

In diesem Augenblick fiel sein Blick auf den Schiffsoffizier in der weißen Galauniform. Der hatte ausgerechnet die andere Marianne umschlungen. Sie sträubte sich gegen seine Umarmung, während er versuchte, sie auf den Mund zu küssen. Reflexartig eilte Kufrian auf das ringende Paar zu. Mit einem kräftigen Ruck an der Schulter des Mannes befreite er die junge Frau aus der Umklammerung. Der Schnösel wollte sie wieder fassen, doch sie entwand sich seinem Griff und verschwand im Gewühl. Beide Männer nahmen die Verfolgung auf. Während sein Konkurrent der Stirnseite des Raumes zustrebte, hielt sich Kufrian nach rechts. Und wieder musste er aus der Ferne zusehen, wie sie durch eine Seitentür entkam. Als er die Stelle erreicht hatte, pfiff er auf alle Überraschungen und drückte die Klinke nach unten.

18

Diesmal war es eine Hafenbar. Links und rechts standen Reihen kleiner Tische. Dazwischen lag eine Tanzfläche, auf der sich Paare im Kreise drehten. Seeleute im Ölzeug gab es da, Hafenarbeiter im verschmierten Drillichzeug, leichtgeschürzte Mädchen. Die Wände waren dekoriert mit nautischen Utensilien, mit Wimpeln und Flaggen, Sextanten und Oktanten, Enterhaken und Walharpunen. Über der Bar hing ein ehrfurchterregender Hai von vier Meter Länge mit weitaufgerissenem Maul.

In der Ecke war ein Podium errichtet, auf dem eine grell geschminkte Rothaarige auf dem Schifferklavier spielte. *Auf der Reeperbahn nachts um halb eins ...*

Direkt vor dieser Bühne entdeckte Kufrian im Scheinwerferlicht das himmelblaue Kleid, nach dem er so sehnlich forschte. Er hastete vorwärts und hatte sein Ziel fast erreicht, als ihm ein buckliger alter Mann in die Quere kam. Wie aus dem Boden gewachsen stand der im Weg und hielt Kufrian ein bemaltes Spanschächtelchen entgegen. Nur für einen Augenblick war Kufrian abgelenkt, doch das reichte, die junge Frau aus den Augen zu verlieren. Fluchend schob er den Alten zur Seite und lief an die Bühne. Von der Gesuchten war nichts mehr zu sehen.

Kufrian drehte sich um und schlich mit hängendem Kopf zurück. Da stand der verwachsene Greis und hielt immer noch seine Spanschachtel in den zitternden Fingern.

„Verdammt noch mal, lasst mich endlich in Frieden mit euren unnützen Geschenken!“, brüllte Kufrian ihn an.

Der Alte schaute traurig zu Kufrian empor. Zwei Tränen liefen durch das zerfurchte Gesicht, bevor sie in weißen Bartstoppeln hängen blieben. „Ich wollte ... nicht lästig sein“, stammelte der Mann. Ein Speichelfaden hing ihm von der bebenden Unterlippe.

Als habe jemand im Saal das Licht ausgeknipst und nur einen Spot auf den Alten übriggelassen, nahm Kufrian von der ganzen Welt nichts mehr wahr als diesen einen hilflosen, traurigen Menschen. Wie in Trance hob er seine Hand und wischte dem Alten die Tränen von den Backen, erst links, dann rechts. Zum ersten Mal an diesem Abend verspürte er den Drang, ein Geschenk zu machen. Nicht, damit etwas geschenkt war, sondern um den alten Mann auszusöhnen, ihm etwas Gutes zu tun. Behutsam nahm Kufrian die Spanschachtel entgegen und schob sie in die Tasche seines Jacketts. Er ergriff die knöcherne Hand des Alten und drückte sie in Dankbarkeit.

Dann machte er sich auf, rannte quer durch den Saal, zur hinteren Tür hinaus, durch einen verstaubten Trödelladen, eine Hotelhalle, eine Autowerkstatt und immer weiter. Er verschwendete keinen Gedanken an den Weg, denn er wusste, früher oder später würde der ihn führen, wohin er wollte.

Und wirklich, nachdem er einen Waschsalon passiert hatte, gelangte er auf den Weihnachtsmarkt, wo man Geschenke erstehen konnte. Neben dem Christbaum gab es eine kleine Bühne mit einem Schaukelstuhl. Soeben erhob sich von diesem Stuhl ein Mädchen. Es hatte einen bunten Schal gestrickt und überreichte ihn einer alten Frau.

Kufrian stellte sich hinter zwei Marktfrauen an, wartete geduldig, bis die Reihe an ihm war. Kaum hatte er auf dem Schaukelstuhl Platz genommen, gab es aufmunternden Applaus. Verlegen räusperte er sich und begann zu reden, ohne nachzudenken. Ein Märchen trug er vor, das seine Großmutter ihm manchmal erzählt hatte, wenn er als Kind krank das Bett hüten musste. Er hatte seit Jahrzehnten nicht mehr an die Geschichte gedacht, doch jetzt sprudelte sie aus ihm heraus, spann sich weiter, ohne dass er ein einziges Detail vergaß. Er schmückte sie sogar aus, wenn er an Stellen kam, die er als Bub besonders geliebt hatte. Zu seiner Überraschung hingen die Zuhörer wie gebannt an seinen Lippen. Immer mehr Menschen blieben stehen. Als das Märchen zu Ende war, als der Königssohn vom Fluch erlöst war und die Köhlerstochter als seine Braut heimgeführt hatte, gab es tosenden Beifall. Er erhob sich, machte einen linkischen Diener und stieg von der Bühne herab. Mancher der Umstehenden klopfte ihm anerkennend auf die Schulter.

Plötzlich stand der hagere Weihnachtsmann neben ihm. „Ihr habt euch soeben selber am meisten beschenkt", stellte er fest. „Aber euren irdischen Lohn sollt ihr dennoch erhalten." Er führte Kufrian zu einem der Stände und bat das Mädchen, das hier bediente, dem Märchenerzähler von seinen Kostbarkeiten zu geben. Verwirrt blickte Kufrian den Weihnachtsmann an. Alles, was der Stand zu bieten hatte, waren Broschen. Tausende, in vielerlei Größen und Farben. Alle hatten eines gemeinsam, sie hatten die Form eines welken Efeublattes. Was um alles in der Welt sollte er mit einer Brosche?

„Habt Vertrauen", sagte der Dürre. „Es ist das Rechte!" Damit drehte er sich um und verschwand zwischen zwei Buden.

Das Mädchen hatte inzwischen eine Auswahl an Broschen auf einem Samtkissen aufgereiht. Da war eine in Kirschrot, eine in Seegrün, in Mandelweiß, in Kastanienbraun, in Rapsgelb. Einige waren fünf Zentimeter groß, die meisten kleiner. Eine kobaltgrüne hatte es Kufrian angetan. Vorsichtig griff er danach und war überrascht, wie federleicht das Kleinod war. Das Mädchen nahm einen Samtbeutel und senkte die kobaltgrüne Brosche da hinein. Kufrian wollte sich bedanken, da füllte das Mädchen auch die kastanienbraune, eine pfirsichfarbene, eine petrolblaue und noch ein paar andere in dem Beutel. Sie zog die Kordel an der Einfassung zu und überreichte den Beutel Kufrian mit einem Lächeln.

„Das ist zu viel", wollte der abwehren. Sie aber schloss seine Hand um den Beutel. Erneut machte er eine ungelenke Verbeugung. Dann stolperte er davon durch die Menge, die einem Arzt im grünen Kittel zusah, der auf dem Podium aus Bierfilzen eine Pyramide errichtete.

19

Wieder war Kufrian auf der Suche. Diesmal nach dem alten Mann, von dem er die Spanschachtel erhalten hatte. Und er suchte weiterhin die junge Frau, die Marianne so ähnlich sah. Im Grunde suchte er auch Erpfendecker.

Soviel hatte er von den Gesetzen dieser geheimnisvollen Wohnung verstanden, dass es aussichtslos war, bestimmte Räumlichkeiten oder Menschen auf der Stelle finden zu wollen. Ließ man sich treiben, so kam man über kurz oder lang von selber an sein Ziel.

Der Weg führte ihn durch einen kleinen Park auf einen belebten Platz. Zwei Frauen in Politessenuniformen hängten sich auf beiden Seiten bei ihm unter und dirigierten ihn durch eine Tordurchfahrt in einen Hinterhof. Linkerhand quollen drei Aschentonnen über, daneben lagerten verbeulte Autoteile und ein altersschwaches Sofa, bei dem die Sprungfedern durch den abgewetzten Bezug drangen. Die beiden Politessen ließen sich auf dieses Sofa fallen und zündeten sich Zigaretten an.

Kufrian blickte an den grauen Hauswänden in die Höhe. Von winzigen Balkonen waren Wäscheleinen quer über den Hof gespannt. Daran hingen Unterhosen und Arbeitskittel zum Trocknen. Neben vielen Fenstern waren Satellitenschüsseln an die Mauer gedübelt.

Unschlüssig drehte er sich um die eigene Achse. Da spürte

er ein Zerren an der Hinterseite seines Sakkos. Er blickte sich um und starrte auf einen Dreikäsehoch, keine fünf Jahre alt, mit dreckverschmiertem Gesicht. Eine Rotzglocke hing ihm aus der Nase. Der Junge nahm Kufrian bei der Hand und zog ihn in Richtung Hofecke. Hinter einem Mauervorsprung schloss sich ein kleinerer Hof dem ersten an. Der zweite Hof war begrenzt durch eine Thujahecke. Ein hölzernes Portal trug die Inschrift *Zur immerblühenden Laube*. Da hindurch gelangten sie in eine Schrebergartenkolonie. In allen Gärten waren Tische aufgebaut, an denen festlich gekleidete Menschen saßen.

Es kam Kufrian fast selbstverständlich vor, dass der Livrierte mit den kleinen Ohren auftauchte und ihm mit einer Verbeugung bedeutete, zu folgen. Das wollte Kufrian gerne tun, doch zuvor überreichte er dem Jungen, der ihn hergeführt hatte, das Lebkuchenherz und die Plastikrose aus dem Bierzelt.

Dann ließ er sich von dem Livrierten zu einem Tisch führen. Er war froh, dass er weder die Etsch noch die Achbach zur Tischdame hatte. Dafür saß da eine feixende Gestalt.

„Haben Sie endlich die Freiheit gefunden, sich auf dieses Fest einzulassen?“, wollte Erpfendecker wissen.

„Von Freiheit bin ich noch ein Stück entfernt“, dämpfte Kufrian die Euphorie. „Inzwischen hätte ich die eine oder andere Frage.“

„Gemach, junger Freund.“ Erpfendecker wies auf die Gruppe befrackter Kellner, die durch die Gartenparzellen schritten und den Gästen den nächsten Gang servierten.

„Gratiniertes Carré vom Kaninchenrücken mit abgeschmälzten Frischkäseraviolis", gab der Zeremonienmeister feierlich bekannt.

Mochte Kufrian noch so gewichtige Fragen auf der Zunge haben, als er die Speise vor sich sah, hatte er nur noch Sinne für sein Gericht. Jeder Bissen zerging im Mund und entfachte ein Feuerwerk von Eindrücken und Empfindungen an Zunge und Gaumen.

Als er seinen Teller ratzeputz leer gegessen hatte, nahm er einen Schluck Wein und lehnte sich in seinem Stuhl zurück.

„Nun, wo drückt der Schuh?", fragte Erpfendecker.

„An 100 Stellen." Kufrian wusste gar nicht, wo er anfangen sollte. „Was bedeutet diese wundersame Wohnung? Wer ist Schliephaake? Und wer ist dieser livrierte Haushofmeister?"

„Um mit der letzten Frage zu beginnen: Dieser unvergleichliche Mann, der den ganzen Abend gewissenhaft organisiert hat, der darauf achtet, dass nichts aus dem Ruder läuft, dass jeder pünktlich seine Speisen kredenzt bekommt, das ist Zoltan Zivcovic."

Kufrian warf die Stirn in Falten. „Und was habe ich hier zu suchen?"

„Was Ihr hier zu suchen habt? Euch selber! Neuen Mut! Neue Ziele! Das sind keine Kleinigkeiten."

Lange schaute Kufrian sein Gegenüber an. Dann nickte er sanft. „Und jetzt?"

Statt einer Antwort deutete Erpfendecker hinter Kufrian.

Der wendete seinen Kopf.

Vom Portal der Gartenanlage kam eine Truppe Gaukler gezogen. Voran eine vierköpfige Kapelle mit Flöte, Rassel, Trommel, Dudelsack. Hinterher ein bunt gewandeter Haufen von Stelzengängern, Radschlägern, Jongleuren und Feuerschluckern. Wo immer sie vorbeikamen, jubelten die Menschen ihnen zu, erhoben sich von ihren Sitzen und folgten ihnen. Auch Erpfendecker und Kufrian schlossen sich an. Am Ende der Gartenanlage führte eine Pforte ins Freie. Die Gaukler zogen einen Feldweg entlang, dann in ein Wäldchen hinein. Ringsum die Bäume waren schneebedeckt. Auf einer Lichtung neben einer Futterkrippe machten die Spielleute halt.

Hier war ein roh gezimmertes Holzpodest errichtet, um das sich die Gäste scharrten. Die Spielleute spielten einen Tusch. Wieder bildete sich eine Gasse, durch die auf einem Schlitten Schliephaake gezogen wurde. Er trug eine königsblaue Galauniform. Ein Hermelinmantel hing ihm lässig über die Schulter. Auf dem Kopf trug er eine edelsteinbesetzte Krone. Kufrian hätte sich nicht gewundert, wenn die Steine echt gewesen wären.

Der Herrscher erklomm das Podest. „So hört denn die nächste herausfordernde Aufgabe. Singt das Lob der schönen Frauen überall und in den höchsten Tönen. Denn sie vor allen Dingen auf diesem Erdenball sind es, die unser Dasein lebenswert und erregend machen. Stellvertretend für alle anderen will ich der Anbetungswürdigsten den Hof machen.“

„Jetzt holt er die Trengschat!“, raunte Erpfendecker seinem Nachbarn zu.

Ein Spielmann setzte eine Fanfare an den Mund und blies. Wieder teilte sich die Menge und machte Platz für vier Männer, die einen Sänfte mit einer wunderschönen Frau trugen.

Sie stellten sie neben Schliephaake ab, der ging vor der Frau auf die Knie, führte ihre Hand zum Mund und hauchte einen Kuss darauf.

Die Menge brach in Freudengeschrei aus.

„Was hab ich gesagt?", lachte Erpfendecker. „Das ist die einzigartige Schönheit, von der alle Männer träumen. Doch kaum einer hat die Gnade, dass er von ihr wahrgenommen wird. Anwesende natürlich ausgenommen", beeilte er sich schmunzelnd hinzuzufügen.

Diese Frau, die Schliephaake soeben zur Königin des Festes erhoben hatte, war niemand anderes als die dunkelhaarige Samariterin, die Kufrian aus der Felsenlandschaft gerettet hatte.

Offensichtlich war die Trengschat nicht darauf erpicht, derartig im Mittelpunkt zu stehen. Sie nickte Schliephaake freundlich zu, stieg von dem Podest herab und bahnte sich einen Weg durch die Menge.

Während Kufrian ihr nachblickte, sah er wenige Meter entfernt den alten Mann stehen, für den er ein Geschenk beschafft hatte. „Hab noch was zu erledigen", rief er Erpfendecker zu.

Er trat zu dem Greis und überreichte ihm eine sandbraune Brosche. Wieder hatte der alte Mann Tränen in den Augen, diesmal vor Freude. Ehe Kufrian es sich versah, hatte der Alte ihn mit seinen dürren Armen umschlungen und fest gedrückt. Beschämt machte sich Kufrian frei und folgte Erpfendecker, der gerade in einem Buschwerk verschwand.

20

Es konnte Kufrian nur ein Lächeln entlocken, als er feststellte, dass sie erneut in dem Opernfoyer gelandet waren. Wieder war die Halle bis auf den letzten Platz mit Menschen gefüllt. Erpfendecker steuerte auf Zach und Hirschvogel zu. Zwei Schritte weiter standen Achbach und Etsch mit Feingluth und den Eheleuten Lautenschlager. Einer spontanen Idee folgend verteilte Kufrian seine Broschen an die Umstehenden. Das schönste Exemplar von blutroter Farbe überreichte er der Trengschat. Die legte jedoch das Geschenk zurück in den Beutel und zog mit spitzen Fingern das kleinste und bescheidenste Teilchen daraus hervor. „Das andere benötigt ihr für jemanden, der wichtiger ist als ich.“ Verschwörerisch zwinkerte sie ihm zu.

Erneut entstand Bewegung im Saal. Viele Gäste deuteten aufgeregt zur hohen Decke, wo an Bändern eine venezianische Gondel hing, aus der der Gastgeber herunter winkte. Er trug ein Abendkleid mit glitzernden Pailletten in allen Farben des Regenbogens. Ein kohlrabenschwarzer Zopf reichte ihm bis zur drallen Hüfte.

Wieder trat Ruhe ein, als Schliephaake die Hand erhob. „So lasst uns als Höhepunkt der kleinen Feier noch einmal miteinander singen. Ein Vagantenlied!“

Es erscholl das Vorspiel durch ein Orchester. Dann hob der mächtige Mann mit gewaltiger Stimme an und alle Gäste stimmten mit ein.

„So troll‘n wir uns ganz fromm und sacht von Weingelag

und Freudenschmaus, wenn uns der Tod sagt *Gute Nacht,* dein Stundenglas rinnt aus."

Ob er wollte oder nicht, Kufrian wurde mitgerissen und sang aus vollem Halse mit.

Als das Lied zu Ende war, brandete begeisterter Beifall auf.

„Brechts *Ballade von den Seeräubern*!", gab Schliephaake vor. Wieder schmetterte der ganze Saal lautstark los. „Von Branntwein toll und Finsternissen, von unerhörten Güssen nass ..."

Kufrian ließ seine Stimme mit einer Inbrunst erschallen, deren er sich nie für fähig gehalten hatte. Er war verblüfft, wie sehr ihn das Erlebnis des gemeinsamen Singens ergriff. Dann war das Lied aus. Kufrian sah überall im Saal vor Aufregung gerötete Gesichter. Wieder schüttelten sich die Umstehenden gegenseitig die Hände, und diesmal tat Kufrian von ganzem Herzen mit. Von der Etsch erhielt er sogar einen Kuss auf die Lippen gedrückt.

„Jetzt nicht schwach werden", ertönte es hinter ihm. Er drehte sich um und blickte in die grinsenden Gesichter von Erpfendecker und Trengschat.

Plötzlich stand Schliephaake mitten unter ihnen. Er trug immer noch das Abendkleid und ein Paar abenteuerlich hochhackiger Pumps. „Wenn mir die Herrschaften die Ehre einer kleinen Strandpartie geben wollen?" Er hakte sich bei der Trengschat unter und ging voran. Achbach und Feingluth, Lautenschlagers, Zach und Hirschvogel, Etsch, Erpfendecker und alle anderen Gäste, auch Kufrian, folgten ihnen nach.

21

Sie verließen das Opernfoyer durch einen Seiteneingang. Der Weg führte auf einem Trampelpfad über eine Wiese. Es war Nacht, doch der Himmel war sternenklar. Der Mond stand als zitronenfarbene Scheibe direkt vor ihnen. Die Festgesellschaft durchquerte einen kleinen Birkenhain, danach ging es einen Hügel hinauf. Von dessen Scheitel aus konnte man das Meer rauschen hören. Weiße Schaumkronen leuchteten im Mondlicht.

Die Prozession zog sich auseinander. Viele streiften Schuhe und Strümpfe von den Füßen und liefen das letzte Stück von der Düne hinunter barfuß durch den Sand. Andere ließen es gemächlicher angehen. Als sie näher ans Wasser kamen, entdeckte Kufrian Reihen kleiner Tische, die entlang des Strands aufgestellt waren. Fackeln brannten. An langen Stangen waren Seile gespannt, an denen bunte Lampions baumelten. Viele der Tische waren schon besetzt. Kellner in Matrosenjacken wieselten eilfertig hin und her, um die Wünsche der Gäste zu erfüllen.

Erpfendecker und Trengschat schlenderten auf einen Tisch am hinteren Rand zu. Kufrian wollte sich ihnen anschließen, da legte sich eine Hand auf seine Schulter und hielt ihn zurück. Es war Zivcovic, der geheimnisvolle Zeremonienmeister, der offensichtlich andere Pläne für ihn hatte. Die Trengschat drückte Kufrian einen Kuss auf die Wange. Erpfendecker winkte ihm frohgelaunt zu.

Dann stapfte Kufrian hinter dem Livrierten her durch den weichen Sand. Ein Stück von den übrigen Gästen entfernt stand direkt am Wasser ein einzelner Tisch. Auf den steuerte Zivcovic zu. Zwei Stühle standen daran. Auf dem einen saß eine Frau und schaute auf das nächtliche Meer hinaus. Als Kufrian herantrat, wandte sie sich zu ihm um und stand auf. Kufrian fürchtete, kein besonders geistreiches Gesicht geboten zu haben, als ihn jetzt die andere Marianne anlächelte. Mit einer schmalen Hand erwiderte sie seinen Händedruck.

Sie nahmen Platz, während sich Zivcovic diskret zurückzog.

Kufrian hatte Mühe, all die Gedanken in den Griff zu bekommen, die ihm durch den Kopf schwirrten. Er hatte tausend Fragen auf der Zunge, doch alles, was er stammelnd herausbrachte, war: „Ich hab Sie gesehen!"

Behutsam legte sie ihre Hand auf die seine und drückte sie erneut.

Ein Matrosenkellner schenkte ihnen Wein ein, ein anderer servierte den Nachtisch. „Warmer Mandelauflauf mit Gewürz-Apfel-Confit und geeistem Vanilleschaum", gab Zivcovic weithin vernehmbar bekannt. Natürlich war auch das Dessert eine erlesene Delikatesse.

Während ein Salonorchester Lieder aus den Neunzehnzwanzigern spielte, wurde auf dem Meer draußen von einem Schiff aus ein Brillantfeuerwerk in den Nachthimmel geschossen.

Immer wieder suchte Kufrian die Augen seiner schönen Tischdame, und sie wich nicht aus sondern erwiderte seinen Blick. Aus der Nähe betrachtet war die Ähnlichkeit mit Marianne noch frappierender. Das Kräuseln der Nase, wenn sie lachte, das Zucken des Mundwinkels, sogar die dreieinhalb Sommersprossen auf jeder Backe.

„Verzeihen Sie bitte, wenn ich nicht aufhören kann, sie anzugucken. Sie haben große Ähnlichkeit mit einem Menschen, den ich gut gekannt habe."

„Dann will ich hoffen, dass das eine angenehme Erinnerung ist", sagte sie mit leiser Stimme.

„Die angenehmste überhaupt." Mit einem Mal standen Tränen in seinen Augen.

„Es tut mir leid", sagte sie, nahm ein Stofftaschentuch aus der Handtasche und wischte ihm die Tränen weg. Er ergriff ihre Hand und hielt sie fest in der seinen. Dann holte er die blutrote Brosche aus seinem Beutelchen und legte sie behutsam in diese Hand. Die Frau errötete und schenkte ihm ein schüchternes Lächeln, bevor sie das Schmuckstück an ihrem Abendkleid feststeckte.

22

Als die Fackeln allmählich niederbrannten, brachen die Gäste einer nach dem anderen auf. Manche gingen den Weg zurück, auf dem sie hergekommen waren, andere bummelten am Ufer dahin. Kufrian hatte sich bei seiner Tischdame untergehakt und schlenderte am Wasser entlang auf einige Fischerhäuser zu. Als er zwischen den Häusern stand, kam ihm die Szenerie vertraut vor. Genauso hatte die Eingangshalle ausgesehen, als er mit Erpfendecker auf dem Fest angekommen war. Kufrian konnte gar nicht glauben, dass das erst vor wenigen Stunden gewesen sein sollte. Die verstrichene Zeit erschien ihm wie ein Abschnitt seines Lebens. Da stand die Seemannskiste, in die der Gastgeber seinen Mantel gepackt hatte. Kufrian holte das Kleidungsstück hervor. Als er sich umdrehte, wurde seiner Begleiterin gerade von Zivcovic in einen nachtblauen Mantel geholfen.

Da war die Eingangstür, die ihnen der Livrierte mit einer Verbeugung aufhielt. Wie in Trance folgte Kufrian der Frau durch das giftgrüne Treppenhaus hinunter auf die Straße.

Ein Schneeteppich bedeckte die Stadt. Als könnte es gar nicht anders sein, hatte seine Hand wieder die ihre gefunden. Wortlos gingen sie nebeneinander her. Ein einsamer Lieferwagen fuhr vorbei, dann war die Straße wieder menschenleer.

Kufrian hatte keine Ahnung, wohin der Weg sie führte. Es war ihm auch vollkommen egal.

In einer Einkaufsstraße mit Fußgängerzone blieb seine Begleiterin stehen und deutete auf ein Haus auf der anderen Seite. „Da wär ich. Es war sehr schön, Sie kennenzulernen." Sie stellte sich auf die Zehenspitzen, küsste ihn mit warmen Lippen auf den Mund. Schnell wandte sie sich ab, lief quer über die Straße und verschwand, ohne sich noch einmal umzusehen, in der Tordurchfahrt des Hauses.

Kufrians erster Impuls war, hinterherzulaufen. Aber er wusste, dass ihr das nicht recht gewesen wäre. Lange stand er wie angewurzelt und fühlte sich abgrundtief traurig und überglücklich zugleich.

Schließlich bückte er sich, band ein lockeres Schuhband fester zu, marschierte dann die Straße entlang, immer weiter geradeaus, bis er in eine Gegend kam, in der er sich auskannte. Zweimal fuhr ein leeres Taxi langsam an ihm vorbei, lauernd, ob mit dem späten Spaziergänger ein Geschäft zu machen sei. Doch Kufrian winkte ab. Es war ihm nicht nach Autofahren. Lieber ging er noch ein Stück zu Fuß, um seinen Kopf auszulüften und die Erlebnisse des Abends zu verdauen.

23

Kufrian wachte in dem safrangelben Ohrensessel in seiner Wohnung auf. Er hatte sich nach dem Heimkommen nur für einen Moment niedersetzen wollen und war auf der Stelle eingeschlafen. Er nahm eine kalte Dusche und hoffte, danach seine Gedanken besser auf die Reihe bringen zu können.

Er brühte sich eine große Kanne Tee auf und setzte sich wieder in den Ohrensessel. Er nahm ein Buch zur Hand, doch er schaffte es nicht, sich auf einen einzigen Satz zu konzentrieren. Er schaltete den Fernsehapparat ein und wieder aus. Er legte eine CD auf und bekam nicht mit, was er aufgelegt hatte. Mit großen Schritten eilte er durch die Wohnung, unruhig, angespannt. Er trank von dem Tee und ärgerte sich, dass er ihn hatte kalt werden lassen.

Er versuchte, sich durch Arbeiten abzulenken, räumte den Abstellraum auf, brachte den Müll runter, spülte einen Berg von Geschirr.

Als es dunkel wurde, hielt er es nicht länger in seiner Wohnung aus. In einen Daunenanorak gehüllt mit Schal, Mütze und Handschuhen stapfte er durch den Schnee. Zwei volle Stunden irrte er umher, bis er die Straße fand, in der sich die junge Frau letzte Nacht von ihm verabschiedet hatte. *Obere Mantoussinistraße* stand auf dem blauen Emailschild.

Er durchquerte die Tordurchfahrt, durch die sie verschwunden war, gelangte in einen Innenhof mit drei kleinen Bäumen. Zwei Hauseingänge gab es hier. Kufrian las aufmerksam alle Namen auf den Klingelbrettern, aber er konnte sich nicht vorstellen, welcher davon zu Mariannes Doppelgängerin gehörte.

Auf dem Heimweg war er ruhiger. In einer Gastwirtschaft unterwegs trank er ein Bier.

Zuhause fiel er todmüde in sein Bett und schlief traumlos bis in den hellen Vormittag.

Bei seinem zweiten Besuch in der Oberen Mantoussinistraße am Nachmittag des zweiten Weihnachtsfeiertages war er besser vorbereitet. Aus seinem Hochzeitsalbum hatte er eine Aufnahme von Marianne herausgesucht. Damit ging er in den beiden Treppenaufgängen von Tür zu Tür, zeigte das Bild und fragte, ob jemand die abgebildete Frau kenne. Die meisten Angesprochenen reagierten freundlich, verneinten jedoch die Frage. Bei der Hausmeisterin solle er es versuchen, die habe Augen und Ohren überall. Aber auch die, klein und drahtig, schüttelte den Kopf. „Nie gesehen. Ganz sicher. Auch nicht als Besuch, das wüsste ich."

So trottete Kufrian unverrichteter Dinge davon. Warum nur hatte er nicht nach einer Telefonnummer gefragt? Weil das den geheimnisvollen Zauber dieser Nacht zerstört hätte.

24

Er musste eine ganze Weile suchen, bis er das Kärtchen mit Erpfendeckers Nummer in den Tiefen seiner Schreibtischschublade fand. Als er am nächsten Vormittag die Nummer wählte, meldete sich das Städtische Amt für Hinterbliebenenversorgung, Amtsrat Gernot Klüfenstein. Nein, den Namen Erpfendecker habe er noch nie gehört. Nein, diese Telefonnummer habe er schon seit vielen Jahren.

Für einen Moment fürchtete Kufrian, er habe das Fest mit seinen seltsamen Besuchern nur geträumt. Aber da waren der kleine Bucheckern-Engel, der orangefarbene Skarabäus, die bemalte Spanschachtel, das Samtbeutelchen, das die Broschen beherbergt hatte. Diese Gegenstände hatte er wohlbehalten in seinen Anzugtaschen gefunden.

So leicht gab sich Kufrian nicht geschlagen. Am Mittag des gleichen Tages machte er sich auf die Suche nach dem Haus, in dem sich die fantastische Feierlichkeit abgespielt hatte. Juliusvorstadt, Klarissenstraße Hundertirgendwas. Er musste einige Male hin- und herlaufen, bis er sich sicher war, vor dem richtigen Haus zu stehen. Am Klingelbrett neben der Eingangstür war kein Schild mit dem Namen *Schliephaake* zu finden. Das giftgrüne Treppenhaus war unverwechselbar. Kufrian sog den Geruch nach Bohnerwachs ein, amüsierte sich erneut über die Blumentöpfe auf den Bastuntersetzern und stieg langsam über die ausgetretenen Holzstiegen nach oben.

Erster Stock, zweiter Stock, dritter, vierter. Er musste sich verzählt haben. Darüber gab es keine Wohnungen mehr, nur eine verrostete Metalltür mit der Aufschrift *Speicher*. Verwirrt stolperte er ein Stockwert tiefer, auch da war keine rot- und weißgestreifte Tür.

Kufrian läutete an einer Wohnung. Es öffnete ein junger Mann, im Arm einen Säugling mit breiverschmiertem Mund.

„Entschuldigen Sie die Störung. Wohnt hier im Haus ein Herr namens Schliephaake? Eine große, imposante Erscheinung. Im Stockwert über Ihnen vielleicht?"

Der junge Vater schüttelte belustigt den Kopf. „Den Namen hab ich noch nie gehört. Schliephaake, richtig? Nein, der wohnt hier nicht. Über uns gibt es gar kein Stockwerk mehr, nur einen verstaubten Gerümpelspeicher."

„Äh, vielen Dank. Entschuldigen Sie nochmals."

Kufrian stieg wieder in das Dachgeschoß hinauf. Die Klinke der Speichertür ließ sich nach unten drücken, die Tür gab nach. Muffiger Geruch schlug ihm entgegen. Ein altmodischer Drehschalter setzte eine trübe Deckenbeleuchtung in Betrieb. Wäscheleinen waren quer durch den Raum gezogen, daran hingen Stoffwindeln und Bettbezüge. Der Boden war übersät mit Taubendreck. Unschlüssig machte Kufrian ein paar Schritte durch den Raum. An der linken Wand standen verrottete Hängeschränke, eine Küchenkommode mit eingeschlagener Scheibe. Daneben Plastikkübel mit eingetrockneter Farbe, vergilbte Zeitschriften, alles schmutzig und von Spinnweben überzogen. Kufrian wollte den Speicher schon verlassen, da fiel sein Blick in die hinterste, dunkelste Ecke.

Er trat näher heran. Da stand eine alte Seemannskiste.

Kufrian klappte den Deckel auf. Die Kiste war randvoll mit Kleidungsstücken. Ein Zweispitz, eine Motorradjacke, der Löwenkopf eines Medizinmannes, Kelle und Dienstmütze eines Bahnhofvorstehers, ein Abendkleid mit Pailletten, die roséfarbene Livree eines Dieners. Mit lautem Knall schlug der Deckel der Kiste zu. Eine Staubwolke stieg auf. Kufrian hustete und richtete sich wieder auf.

Auf der Straße blies ein eisiger Wind. Kufrian knöpfte den Kragen seines Mantels bis oben hin zu und watete durch den matschigen Schnee davon.

25

An diesem Abend begann Kufrian, Mariannes Sachen zu sortieren. Gewand und Schuhe packte er in Müllsäcke, um sie zur Kleidersammlung zu geben. Ihre Bücher und CDs wollte er selber behalten. Auch den Nippes-Figuren, die sie über die Jahre gesammelt hatte, gewährte er Ehrenplätze im Bücherregal. Das Fahrrad sollte die Tochter von Mariannes Lieblingskollegin bekommen. Den Schmuck verpackte er, um ihn an Mariannes Schwester Anneliese zu schicken, die mit ihrem Mann in Schottland lebte. Dann nahm er ihren Schreibtisch im gemeinsamen Arbeitszimmer in Angriff. Die Unterlagen über Arbeitsstelle und Sozialversicherung, über Krankenkasse, Einkommensteuer und Bankverbindung räumte er in einen Karton und verstaute den im Keller.

Zu allerletzt stieß er im untersten Schreibtischfach auf eine Schachtel mit vergilbten Fotografien. Seltsam, dass sie ihm die nie gezeigt hatte. Er zog mit der Schachtel ins Wohnzimmer, schenkte sich ein Bier ein und begann eine Reise in Mariannes Vergangenheit.

Als Kind hatte sie zum Schreien komisch ausgesehen. Sie hatte struppige Haare, die wild in alle Himmelsrichtungen standen, dazu eine vorlaute Nase und viel zu große Ohren. Auf manchen Fotos war sie mit ihrer größeren Schwester abgebildet, auf anderen mit dem Vater oder den Großeltern. Mariannes Mutter tauchte kein einziges Mal auf. Kindergarten, Einschulung, Konfirmation, die erste Reise ohne die Eltern. Ganz zuunterst lag ein Umschlag, der einen weiteren Packen Bilder enthielt. In verblasster Füllfederhalterschrift war auf dem Umschlag vermerkt „Birkenwalde, 1999". Das musste die Zeit gewesen sein, als sie ihr soziales Jahr absolvierte, ihre Phase der Orientierung, wie sie es einmal genannt hatte. 16 Jahre war das her. 18 war sie damals gewesen. Sie hatte nie darüber geredet.

Kufrian zog die Fotografien aus dem Umschlag und legte sie vor sich auf den Tisch. Die obersten Bilder zeigten eine flache Heidelandschaft, Dörfer, Alleen, Seen in rascher Folge. Dann ein großes, hell gestrichenes Herrenhaus. Auf der Freitreppe eine Gruppe von Menschen, zu klein, um Einzelheiten erkennen zu können. *Kur- und Pflegeheim Niesbüttel bei Birkenwalde* war in Mariannes zierlicher Handschrift auf der Rückseite notiert. Es folgten Schnappschüsse von Arbeit und Freizeit in dem Pflegeheim. Bilder vom Garten und der guten Stube, von der Küche und der großen Waschküche. Marianne bei der Arbeit, mit anderen jungen Frauen beim

Bad im See, bei einer Radtour. Das letzte Bild war wieder eine Gruppenaufnahme, diesmal größer und schärfer. In der vordersten Reihe als dritte von links stand Marianne, sah ungewohnt aus in ihrer steifen Schwestertracht. Sie hatte sich bei einer Kollegin untergehakt. Beide lachten keck in die Kamera. Belustigt ging Kufrian die Reihen der Patienten und des Pflegepersonals durch. In der Mitte der zweiten Reihe stand ein Koloss von einem Mann in einer Safariuniform. Fast hatte es den Anschein, als sei das ganze Bild um ihn herum komponiert.

Ein ungeheuerlicher Gedanke fuhr Kufrian durch den Kopf. Er sprang auf und rannte zu seinem eigenen Schreibtisch, kramte eine Lupe heraus, eilte damit zurück ins Wohnzimmer. Unter der Stehlampe sah er sich das Foto ganz genau an. Er hatte sich nicht getäuscht. Der Koloss mit dem Tropenhelm auf dem Kopf war niemand anderes als der Mensch, den er vor wenigen Tagen als Schliephaake kennengelernt hatte. Ein Zweifel war ausgeschlossen.

Mit zittrigen Fingern hielt er die Fotografie, als er nun auch die anderen Personen auf dem Bild genauer in Augenschein nahm. Drei Plätze neben Schliephaake hatte sich in einem altmodischen Sommeranzug Erpfendecker postiert. Dann folgten die anderen Schlag auf Schlag. Dr. Lautenschlager mit Frau, Feingluth, Zach und Hirschvogel, die Baronesse von Achbach. In der Mitte der vordersten Reihe stand in einem Sommerkleidchen Larissa Etsch. Sogar das kugelrunde Ehepaar Zawadka war zu sehen. Kufrian musste eine Weile suchen, bis er schließlich die Trengschat entdeckte. Sie trug einen eleganten Herrenanzug, hatte sich ein Stück abseits von den anderen aufgestellt. Neben ihr im Kittel eines Pflegers stand Zivcovic und blickte mit ernstem Gesicht in die Kamera.

Kufrian legte Bild und Lupe zur Seite. Er holte tief Luft und lies sie ganz langsam entweichen. Vorsichtig schob er die Bilder zurück in den Umschlag.

Dann schaltete er den Rechner ein und startete die Suchmaschine.

26

Am Flughafen in Rostock nahm Kufrian den bestellten Mietwagen in Empfang. Die Straße Richtung Osten war trocken, die Landschaft grau und trüb. Eineinhalb Stunden brauchte er bis Birkenwalde.

Die schmale Teerstraße nach Niesbüttel war ausgeschildert. Die Gebäude des Kur- und Pflegeheims waren unverändert so, wie Kufrian sie von den Fotografien her kannte. Das Haupthaus war mit einem Flechtwerk von Efeuästen überwuchert. Auf sein Klingeln an der Hauptpforte öffnete ein Mädchen in Schwesterntracht.

„Guten Abend. Könnte ich bitte Frau Waguscheit sprechen?"

Das Mädchen haute ihm wortlos die Tür vor der Nase zu. Es dauerte Minuten, bis wieder aufgemacht wurde. Eine hagere Frau stand vor ihm und wischte sich die Hände an ihrer Schürze ab. Das weiße Haar hatte sie am Hinterkopf zu einem Knoten geschlungen. „Sie wünschen?"

„Guten Abend. Mein Name ist Kufrian. Ich hatte angerufen. Sind Sie Frau Waguscheit?"

„Kommen Sie herein." Sie führte ihn durch einen unbeleuchteten Flur in eine geräumige Küche. Auf dem Tisch stand eine Schüssel mit geschälten Zwiebeln.

„Kaffee? Oder lieber einen Kräutertee?"

„Machen Sie bitte keine Umstände."

„Ich wollte mir gerade einen Kaffee aufbrühen."

„Dann gern."

Kufrian setzte sich auf den zugewiesenen Platz auf der Eckbank und wartete, bis sie mit den Tassen vom Herd herüberkam. Nach einem kleinen Schluck zog er Mariannes Umschlag aus seiner Aktenmappe. Er legte eines der Bilder, aufgenommen in eben dieser Küche, auf den Tisch. „Das ist Marianne, meine Frau. Das heißt, das war sie. Sie ist nämlich vor ein paar Wochen gestorben."

Waguscheit nahm das Bild und hielt es so, dass das Licht darauf fiel. „Marianne. Oh ja, ich erinnere mich." Sie stockte für einen Moment. „Ich erinnere mich ganz genau."

Sie zog ein Taschentuch aus ihrer Schürzentasche und fuhr sich über die Nase. Dann blickte sie von dem Bild auf und richtete den Blick zum Fenster hinaus. Für einen langen Moment war es totenstill im Raum.

Kufrian konnte sehen, wie der alten Frau zwei Tränen aus den Augen liefen. Er war sich sicher, dass die nicht von den Zwiebeln herrührten. Schließlich gab sie ihm die Fotografie zurück und wischte sich mit dem Taschentuch über die Augen. „Sie sagten, sie ist gestorben. Das tut mir leid."

„Danke." Er schob das Foto zurück in den Umschlag und holte das Gruppenbild heraus. Bevor er es auf den Tisch legte, musterte er es kurz und entdeckte Frau Waguscheit in der hintersten Reihe. Dann schob er auch diese Aufnahme über den Tisch. Er lehnte sich zurück und nahm einen Schluck aus seiner Tasse.

Sie schob sich ihre Brille auf die Stirne, bevor sie behutsam die Aufnahme an den Seitenrändern ergriff und dicht vor ihre Augen führte. Diesmal währte die Zeit der Stille eine volle Minute. Schließlich ließ sie das Foto sinken, wischte sich wieder über die Augen und rückte die Brille zurecht.

„Das muss ein paar Monate vorher gewesen sein", murmelte sie.

„Ein paar Monate vor was?"

„Vor dem Unfall. Der Katastrophe."

„Ein Unfall?", fragte Kufrian behutsam.

Sie blickte ihn überrascht an. „Ja, natürlich. Hat Ihre Frau Ihnen nicht ...?"

„Sie hat nie über ihre Zeit in Birkenwalde gesprochen."

„Es ist ihr nicht zu verdenken. Das hat ganz andere aus der Bahn geworfen."

Kufrian schwieg und wartete, ob etwas nachkäme. Im Flur schlug eine Standuhr sechs Uhr.

Sie seufzte. „Wenn es Sie nicht stört, mach ich mit der Arbeit weiter, während ich erzähle."

„Wenn es Ihnen recht ist, gehe ich Ihnen zur Hand." Artig wartete Kufrian, bis sie ein Schneidebrett und ein Küchenmesser vor ihn hingelegt hatte. Dann griff er sich eine Zwiebel und begann, sie nach ihrer Anweisung in feine Würfel zu schneiden.

Auch sein Gegenüber hatte sich über eine Zwiebel hergemacht. Sie warf einen Blick auf das Gruppenfoto, dann begann sie zu erzählen.

„Es war Herr Schliephaake. Er war alles. Das Heim, die Welt, das Leben der Menschen hier, ihre Hoffnung und ihre Kraft. Herr Schliephaake ...“, sie versuchte mit der Spitze des Messers auf die Fotografie zu deuten.

„Ich weiß, welches Herr Schliephaake ist.“

„Herr Schliephaake war der Direktor des Kur- und Pflegeheims. Er war seine Seele, sein Geist, sein Motor. Das Heim gab es schon ewig, seit dem Krieg war es als Sanatorium für verschiedene Behandlungsformen genutzt worden.

Anfang der Neunziger nach der Wende wurde eine Pflegeeinrichtung für fortgeschrittene Fälle von Leukämie daraus. Wer hier landete, hatte mit dem Leben abgeschlossen. Das galt für die Patienten, im Grunde auch für das Personal. Nach Niesbüttel gab es keine weitere Station.

Und dann kam Herr Schliephaake. Das Heim war wieder einmal vor der Pleite gestanden. Die Banken fanden einen Konservendosenkönig als Investor. Der forderte als Bedingung für seine Finanzspitze, dass sein Freund Schliephaake die Leitung der Einrichtung übernähme. Die Ärzte waren skeptisch. Die Pfleger und Schwestern waren entsetzt. Da stand er dann eines Tages mitten in dieser Küche, die voluminöse Figur in einen grünkarierten Frack gehüllt, die schulterlangen Haare zum Pferdeschwanz gebunden.

Er organisierte ein Willkommensfest. Und so machte er weiter. Er organisierte eine Faschingsfeier, eine Frühlingsredoute, Tanz in den Mai, Sommerfest, Kathreinstanz. Seine Veranstaltungen hatten immer ein bestimmtes Motto, entführten uns in ferne Welten. Die finanziellen Mittel schienen unerschöpflich. Und sollte tatsächlich das Geld einmal knapp werden, behalf er sich mit seiner überschäumenden Fantasie. Aber da waren nicht nur die Feste. Es war die Art, wie Herr Schliephaake mit dem Leben und mit dem Schicksal umging. Mit seinem eigenen und mit dem der anderen. Längst hatte er angefangen, uns alle zu verändern. Ob wir wollten oder nicht. Wir wurden mitgerissen von seiner Energie. Am schlimmsten hatte es den Zivcovic erwischt. Das war unser Oberpfleger."

Sie suchte auf der Fotografie nach der dazugehörigen Gestalt, aber Kufrian winkte ab. „Ich weiß, welches der Zivcovic ist. Sein eines Ohr ist kleiner als das andere."

„Das wissen Sie? Ich dachte immer, das sei nur mir aufgefallen. Ich war Stütze der Wirtschafterin zu der Zeit. Seit acht Jahren bin ich selber Wirtschafterin. Aber viel gibt es bald nicht mehr zu wirtschaften.

Wo war ich stehengeblieben? Ach ja, der Zivcovic. Er wurde der begeisterte Gefolgsmann von Herrn Schliephaake. Folgte ihm und seinen Ideen bis zur Selbstaufgabe. Aber das machte nicht nur er. Wir alle wären für diesen Menschen durchs Feuer gegangen. Und erst die Patienten. Da hätten sie manch einen sehen sollen. Kamen an als ein Häuflein Elend. Nur wenige Wochen in der Atmosphäre des Pflegeheims, und sie fingen wieder an, Pläne zu machen. Pläne! Das müssen Sie sich vorstellen. Viele, denen ihre Ärzte in Hamburg und Duisburg und Stuttgart keine acht Wochen mehr gegeben hatten, blühten auf. Verliebten sich von Neuem. Fingen an, ein Musikinstrument zu lernen oder eine fremde Sprache.

Das war die Zeit, als Ihre Frau zu uns kam. Schwesternhelferin, soziales Jahr. 1999. Wie jeder andere wurde auch sie vom ersten Moment an von dem Zauber eingefangen. Sie hatte einen Lieblingspatienten, Erpfendecker, ein verschrobener Kauz, dem sie oft viele Stunden im Obstgarten russische und japanische Märchen vorlas.

Natürlich war Erpfendecker nicht sein richtiger Name. Kein Mensch heißt Erpfendecker. Wie er wirklich hieß, wusste längst niemand mehr. Er war im Winter vorher zu uns gekommen. Sein Arzt hatte damals gemeint, die Fahrt nach Birkenwalde würde sich nicht mehr lohnen, da ihm nur wenige Tage blieben. Von Anfang an hatte Herr Schliephaake einen Narren an Erpfendecker gefressen. Er war es auch, der ihm den Namen gegeben hatte. Erpfendecker ging es von Monat zu Monat besser. Nicht lang, so wurde er eine unverzichtbare Institution hier im Heim. Organisierte Spiele unter den Patienten, einen Jonglierwettbewerb, einen Schreibkurs, eine Regatta mit selbstgebastelten Birkenrindenschiffchen. Unter seiner Leitung komponierten sie ein Musical, studierten es ein und führten es beim Mittsommerfest auf. Es war ein umjubelter Erfolg.“

27

Alle Zwiebeln waren klein geschnitten. Waguscheit trug sie zum Herd. Dann holte sie ein Paket Speckscheiben aus dem Kühlschrank. „Die müssten auch gewürfelt werden."

„Kein Problem."

„Hier haben Sie unser schärfstes Messer."

Während Kufrian den Speck schnitt, verschwand Waguscheit in der angrenzenden Kammer und kam mit einem Blecheimer voller Kartoffeln zurück. Sie griff sich eine Knolle und begann, sie zu schälen.

„Wo war ich stehengeblieben?"

„Erpfendecker", half Kufrian.

„Ja. Erpfendecker. Es war Dezember 99. Der Tag von Heiligabend. Erpfendecker hatte ein Krippenspiel geschrieben und mit etlichen von den Patienten einstudiert. Das sollte am Nachmittag in einem Altenheim in der Nähe aufgeführt werden. Sie waren mit unserem Kleinbus unterwegs. Ich weiß es noch als wäre es gestern gewesen. Zivcovic saß am Steuer, wie immer, daneben Erpfendecker. Als der Bus vom Hof fuhr, sangen sie übermütig *Macht hoch die Tür, die Tor macht weit.*

Spätestens um acht wollten sie zurück sein für unsere eigene Bescherung hier im Haus. Es wurde halb neun, es wurde neun. Kurz vor zehn kam der Anruf. Es hatte Blitzeis gegeben, überfrierende Nässe. Zwischen Tützwitz und Grevenow in einem Waldstück war ein Milchlaster ins Schleudern geraten und hatte den Kleinbus von der Straße geschossen. Erpfendecker flog durch die Windschutzscheibe und überlebte schwer verletzt. Für alle anderen kam jede Hilfe zu spät."

Wie für sich selber zählte sie die Teilnehmer der Fahrt auf. „Zivcovic natürlich und Herr Schliephaake, Trengschat, Etsch, Achbach, Lautenschlager, seine Frau, Feingluth, ... ach ja, und Zach und Hirschvogel."

Sie stand auf, holte sich eines der Gläser von der Anrichte, füllte es mit Leitungswasser und leerte es in einem Zug. Dann setzte sie sich wieder hin.

„Erpfendecker hat noch ein paar Tage gelebt. Er bestand darauf, nicht in die Unfallklinik nach Neubrandenburg zu kommen, sondern zu uns ins Pflegeheim. Es war verrückt. Da lag er in seinem viel zu großen Bett, mehr tot als lebendig, und versuchte, uns Überlebende zu trösten. Er hat uns aufgebaut, anstatt dass es umgekehrt gewesen wäre. Jeden Tag saßen wir viele Stunden bei ihm im Zimmer und lauschten seinen Erzählungen. Geschichten hat er für uns gesponnen, schräg und fabelhaft wie nur er dazu in der Lage war. Er berichtete von einer gigantischen Weihnachtsfeier. Tausende von Menschen bevölkerten die seltsamsten Räume, zogen durch Urwälder und Gebirgslandschaften, durch Bahnhöfe und Opernsäle. Mitten drin in seinen kuriosen Episoden tauchten unsere gestorbenen Freunde auf, fröhlich und ausgelassen. Natürlich kamen auch wir selber alle in seiner Geschichte vor. Ein ums andere Mal brachte er uns gleichzeitig zum Lachen und zum Weinen.

Am dritten Tag nach dem Unfall war es vorbei. Er erzählte vom Ende des tollen Festes. Ein Brillantfeuerwerk am Strand. Danach der Aufbruch der Gäste. Als der letzte Gast die Feier verlassen hatte, tat Erpfendecker seinen letzten Atemzug und war tot.

Wochenlang wirkte die Geschichte des dünnen Mannes noch in uns nach. Wir behielten unsere Freunde so in Erinnerung, wie er sie uns zuletzt geschildert hatte. Doch dann trat der Alltag ein und das Leben wurde grau und grauer.

Anfangs gab es noch viele hier, Personal wie Patienten, die das Heim im gleichen Geist weitertragen wollten. Doch es fehlte die Energie eines Schliephaakes, das verlässliche Wirken eines Zivcovics, die verrückten Einfälle eines Erpfendeckers. Die Menschen, die Herrn Schliephaake noch selber erlebt hatten, wurden immer weniger. Ich selber bin die Letzte.

Das Heim hatte viele Leiter seit dieser Zeit. Doch keiner hatte eine Vorstellung davon, worauf es ankam. Im Moment ist die Stelle wieder unbesetzt. Der Betreiber sucht händeringend jemanden, dem es gelingen könnte, den Patienten ein bisschen Lebensmut zu schenken. Ich fürchte, da wird er ewig suchen."

Sie trug die geschälten Kartoffeln und Kufrians Speckwürfel zum Herd.

„Wollen Sie nicht zum Abendessen bleiben? Sie haben sich darum verdient gemacht."

„Danke für das Angebot. Ich habe Ihre Zeit schon über Gebühr in Anspruch genommen. Ich fahre noch heute zurück nach Rostock."

Sie brachte ihn zur Tür.

28

Die Rothaarige mit den Stöckelschuhen führte Kufrian durch einen langen Flur.

Die Wände waren halbhoch mit abwaschbarer Farbe gestrichen, im gleichen schmutzigen Grün wie die gerahmten Türen. Am Fußboden waren meterweise Aktenordner aufgereiht.

An einer der Türen klopfte die Rothaarige und öffnete sogleich. „Herr Doktor. Herr Kufrian wäre jetzt da."

Sie wich zur Seite und ließ den Besucher in den Raum treten. Keine Bilder, keine Pflanzen, ringsum nur deckenhohe Regale, die von Aktenstapeln überquollen. Ein runder Mann in einem braunen Anzug erhob sich von seinem Schreibtischsessel und schüttelte Kufrian die Hand.

„Nehmen Sie bitte Platz." Er deutete auf den kargen Holzstuhl neben dem Schreibtisch. „Kaffee? Mit Milch und Zucker?"

„Danke, gern. Wenig Milch, kein Zucker."

Der Runde nickte seiner Mitarbeiterin zu, die schloss die Tür von außen.

„Was kann ich für Sie tun?"

„Da ist dieses Pflegeheim. In Niesbüttel bei Birkenwalde. Sie sind auf der Suche nach einem Heimleiter. Ich möchte mich für die ausgeschriebene Stelle bewerben. Hier sind meine Unterlagen." Kufrian schob einen Heftordner über den Schreibtisch.

Die Rothaarige brachte den Kaffee. Der war stark und bitter, ganz nach Kufrians Geschmack.

Der Autor

Wolfgang Oppler, geboren 1956 in Rosenheim, wuchs in München auf und lebt heute in Ebersberg. Er wurde bereits während seiner Schulzeit in den legendären Kreis des bairischen Mundart-Verlegers Friedl Brehm (Feldafing) aufgenommen. Nach seinem Jurastudium war er bis 2011 als Syndikus einer Bank tätig.

Als Schriftsteller verfasst Wolfgang Oppler Gedichte, Kurzgeschichten, Puppentheaterstücke für Kinder und Erwachsene und Sekundengeschichten.

Bisherige Veröffentlichungen: *Vaschdeggsdal*, Mundartgedichte, 1976 im Friedl-Brehm-Verlag; *Fangamandl*, Mundartgedichte, 1979 im Friedl-Brehm-Verlag; *Ochsenschwanz und Eselsohren*, Weihnachtsgeschichten, 2000 im Selbstverlag; *Bärendreck und Blasmusik*, Gedichte, 2016 im Anton G. Leitner Verlag. Sämtliche Bücher sind zu beziehen über *oppler@bayern-mail.de*.

Seit 2006 ist Wolfgang Oppler Mitglied der Münchner Turmschreiber.

Danksagung

Maßgebliche Verdienste um das Zustandekommen des vorliegenden Buches hat sich ein Kreis von munteren Bankmitarbeitern und -mitarbeiterinnen erworben, die mich über Jahre hinweg ermutigt haben, für ihre Weihnachtsfeiern neue Geschichten zu verfassen. Ihnen mein bewunderungsvoller Dank.

Ermutigt hat mich auch meine Frau Heike mit geduldigem Zuhören, Zuspruch und mollyziöser Verköstigung.

Ganz besonders danke ich Franziska Röchter und dem chiliverlag für die immer fröhliche, unkomplizierte und sachkundige Betreuung, Beratung, Unterstützung.

Wolfgang Oppler, im Oktober 2019